A GLOBALIZAÇÃO EM QUESTÃO

PATROCÍNIO

Fundação para a Ciência e a Tecnologia
Programa de Doutoramento em Estudos sobre a Globalização

ORGANIZAÇÃO DE
VERA MARTINS

A GLOBALIZAÇÃO EM QUESTÃO

ALMEDINA

A GLOBALIZAÇÃO EM QUESTÃO

ORGANIZAÇÃO
Vera Martins

EDITOR
EDIÇÕES ALMEDINA, S.A.
Rua Fernandes Tomás, n.os 76 a 80
3000-167 Coimbra
Tel.: 239 851 904 · Fax: 239 851 901
www.almedina.net · editora@almedina.net

DESIGN DE CAPA
EDIÇÕES ALMEDINA, S.A.

PRÉ-IMPRESSÃO
EDIÇÕES ALMEDINA, S.A.

IMPRESSÃO E ACABAMENTO

Abril, 2021

DEPÓSITO LEGAL

ISBN: 978-972-40-9297-3

ALMEDINA | GRUPOALMEDINA

O texto introdutório foi inicialmente publicado em língua inglesa, com o título *De-theorizing in Order to Re-theorize Emergent Alignments: A Rumination*, no livro *Beyond Neoliberalism*, editado pela Palgrave Macmillan, Cham, em 2017 [pp. 17–27].

O capítulo 4 foi inicialmente publicado em língua inglesa, com o título *«Nothing is the Way it Should Be»: Global Transformations of the Time Regime in the Nineteenth Century*, publicado online na revista *Modern Intellectual History* pela Cambridge University Press, em Fevereiro de 2017 [15(03): 1–28].

Os demais capítulos (excepto um) correspondem a textos preparados para eventos académicos realizados no âmbito do programa de doutoramento em Estudos sobre a Globalização. Algumas das sessões poderão ser visualizadas no canal YouTube do programa, aqui:

https://www.youtube.com/watch?v=DJO_y0nQhOg&list=PLZfG7MjpUbTlC9Gzz8PkJhQi9cQ2Qtzdg

https://www.youtube.com/watch?v=w0PX7LjB7t8&list=PLZfG7MjpUbTlC9Gzz8PkJhQi9cQ2Qtzdg&index=2

https://www.youtube.com/watch?v=VU9Z-dHNGKg&list=PLZfG7MjpUbTlC9Gzz8PkJhQi9cQ2Qtzdg&index=3

https://www.youtube.com/watch?v=DLkdf0dnQ8U&list=PLZfG7MjpUbTlC9Gzz8PkJhQi9cQ2Qtzdg&index=4

TRADUÇÕES

As traduções dos capítulos 2, 3, 4, 5, 6, 7 e 8 foram feitas por Maria do Mar Gago.

A tradução do capítulo 1 foi feita por Vera Martins e revista por Frederico Ágoas.

APRESENTAÇÃO DOS AUTORES

1. Conferencistas

ALBERT LOUIS SACHS, também conhecido como **ALBIE SACHS**, foi juiz do Tribunal Constitucional da África do Sul — indicado por Nelson Mandela — e um dos redactores da Constituição sul-africana do pós-*-apartheid*. Em 1988, devido à sua oposição contra o regime de *apartheid* em vigor, foi alvo de um atentado em Maputo, Moçambique, onde se encontrava exilado, tendo perdido um braço e a visão de um olho. Os seus livros *The Strange Alchemy of Life and Law* (2009) e *The Soft Vengeance of a Freedom Fighter* (1990) foram galardoados com o Prémio Alan Paton. O Juiz Albie Sachs recebeu o Doutoramento *Honoris Causa* pela Universidade Nova de Lisboa, numa cerimónia que teve lugar no dia 14 de Fevereiro de 2018.

ANDREW GOULD é Professor de Ciência Política no Kellogg Institute for International Studies, Universidade de Notre Dame (EUA). Tem publicado vários trabalhos sobre religião e política, economia política da tomada de decisão e sobre métodos de pesquisa qualitativa. É autor do livro *Origins of Liberal Dominance: State, Church, and Party in 19th Century Europe* (University of Michigan Press, 1999) e co-organizador, com Anthony Messina, do livro *European Identities? Regionalism, Nationalism, and Religion.*

HELEN APSIMON é Professora de Estudos sobre a Poluição do Ar no Imperial College de Londres (Reino Unido). A sua investigação em poluição do ar foi desenvolvida a partir de estudos de modelação de acidentes nucleares e diversificada para questões internacionais, como as chuvas ácidas e problemas de poluição do ar na Europa do Leste. Trabalhou extensivamente em grupos de trabalho da Convenção sobre a Poluição Atmosférica Transfronteiriça a Longa Distância, onde desenvolveu a modelação e avaliação de estratégias de menor custo para reduzir a acidificação, eutrofização, excesso de ozono troposférico e concentração de partículas finas. Tal conduziu a unidade de investigação Integrated Assessment Unit no Centre for Environmental Policy a desenvolver cenários futuros de emissões de poluentes atmosféricos, dispersão atmosférica e mapeamento das concentrações e deposição atmosféricas e impactes na saúde humana e nos ecossistemas. Neste trabalho, foram avaliados os custos e benefícios de possíveis estratégias de mitigação da poluição do ar, levando em consideração implicações simultâneas nas políticas climáticas. Helen ApSimon tem também fortes interesses em qualidade do ar em meios urbanos, particularmente em Londres, onde co-fundou a rede APRIL (Air Pollution Research in London) e preside ao subgrupo de emissões, modelação e medições. É membro de vários grupos e comités de especialistas, incluindo o Grupo de Especialistas em Partículas Aerotransportadas (Airborne Particles Expert Group), o Grupo Nacional de Peritos em Poluição Atmosférica Transfronteiriça (National Expert Group on Transboundary Air Pollution) e o Grupo de Peritos em Qualidade do Ar do DEFRA (Air Quality Expert Group of DEFRA — Department for Environment Food & Rural Affairs of UK Government), além de ser membro da Comissão de Aeroportos. Atualmente, a maior parte do seu trabalho consiste em apoiar políticas desenvolvidas pelo DEFRA.

JACK A. GOLDSTONE é Professor da cátedra Hazel de Políticas Públicas na Universidade George Mason (EUA). Foi professor visitante no Instituto de Tecnologia da Califórnia, Universidade de Cambridge, Universidade de Konstanz, Universidade de Chuo, Universidade Nacional Australiana, Academia Russa de Economia Nacional e Universidade de Ciência e Tecnologia de Hong Kong. É o autor da premiada obra *Revolution and Rebellion in the Early Modern World* (2016), *Revolutions: A Very Short Introduction* (2014) e *Political Demography* (2011). O autor ganhou prémios e bolsas da American Sociological Association, World History Association, International Studies Association, J.S. Fundação Guggenheim e Fundação MacArthur. Goldstone também é membro global do Woodrow Wilson Center e membro sénior do Mercatus Center.

JAMES MAYALL é Professor Jubilado em Relações Internacionais no Sidney Sussex College, da Universidade de Cambridge (Reino Unido), tem várias publicações sobre relações internacionais dos Estados africanos, as relações Norte-Sul, a teoria das Relações Internacionais e o impacto do nacionalismo nas relações internacionais. O seu livro *Nationalism and International Society* (Cambridge University Press, 1990) ganhou o prémio da Political Studies Association pela melhor monografia do ano. Ao longo da última década, a sua investigação e as suas publicações concentraram-se no ressurgimento de conflitos étnicos, nacionais e religiosos desde o fim da Guerra Fria e a reacção internacional aos mesmos. Em 1996, editou o livro *The New Interventionism 1991–1994: United Nations Experience in Cambodia, former Yugoslavia and Somalia* (Cambridge University Press) e em 2000 publicou *World Politics: Progress and its Limits* (Polity Press). Está actualmente a trabalhar numa continuação deste livro, provisoriamente intitulado *Empires of the Mind: the Debate between Order and Justice in an Age of Anxiety*.

PAULO MAGALHÃES é jurista e investigador no CIJE — Centro de Investigação Jurídico-Económica — Universidade do Porto, onde terminou um pós-doutoramento em Direito sobre o estatuto jurídico do clima e as raízes estruturais da emergência climática, tendo por base a actual abordagem às alterações climáticas como *common concern of humankind versus* a proposta inicial do *common heritage of humankind*. Licenciado em Direito pela Universidade Católica do Porto, pós-graduado em Direito do Ambiente pela Universidade de Coimbra e doutorado em Ecologia Humana pela Faculdade de Ciências Sociais e Humanas da Universidade Nova de Lisboa. Em 2007 publicou *The Earth Condominium: From Climate Change to a New Juridic Conception of the Planet*. Co-editor do *SOS Treaty — The Safe Operating Space Treaty: A New Approach to Managing Our Use of the Earth System*, em 2016. É o fundador e presidente da Casa Comum da Humanidade, uma associação internacional com sede na Universidade do Porto, e propõe um novo quadro jurídico global baseado em novos conhecimentos sobre o funcionamento do Sistema Terrestre. É membro do Grupo de Ética Especialista da Comissão Mundial de Direito Ambiental da UICN e co-fundador da ELGA — Environmental Law and Governance Association. Foi um dos fundadores da Quercus — Associação Nacional para a Conservação da Natureza, bem como co-fundador e membro do Conselho Geral da ONG portuguesa ZERO — Associação do Sistema Terrestre Sustentável. É Conselheiro do CNADS — Conselho Nacional para o Ambiente e Desenvolvimento Sustentável.

SASKIA SASSEN é Professora da cátedra Robert S. Lynd, de Sociologia, na Universidade de Columbia (Nova Iorque, EUA) e membro do Comité sobre Pensamento Global, dessa mesma instituição, ao qual presidiu até 2015. Tem focalizado a sua pesquisa nas cidades, na imigração e no papel dos Estados na economia mundial, sendo a desigualdade, o género e a digitalização três aspectos importantes do seu trabalho. Tem uma extensa obra publicada, e os seus livros estão traduzidos em mais de vinte idiomas. Dos muitos prémios e reconhecimentos públicos recebidos, destacam-se o Prémio Príncipe de Astúrias de Ciências Sociais, em 2013, a eleição para a Academia Real de Ciências da Holanda e a distinção de *Chevalier de l'Ordre des Arts et Lettres*, concedida pelo governo francês.

SEBASTIAN CONRAD é Professor de História Moderna na Universidade Livre de Berlim (Alemanha). Actualmente os seus trabalhos estão centrados principalmente em abordagens transnacionais e globais da história e suas contribuições para a compreensão das interacções e emaranhados do passado. O autor tem experiência nas áreas de história moderna da Europa Ocidental e do Japão e trabalhou extensivamente em questões de colonialismo e pós-colonialismo, transnacionalismo, história intelectual, memória e historiografia. As suas publicações mais recentes incluem *What is Global History?* (Princeton University Press, 2016) e *An Emerging Modern World, 1750–1870* (Harvard University Press, 2018, editado com Jürgen Osterhammel).

VIRGÍNIA BRÁS GOMES nasceu em Goa, onde completou os estudos universitários. Perita independente no Comité dos Direitos Económicos, Sociais e Culturais (DESC) das Nações Unidas, entre 2002 e 2018, no qual ocupou os cargos de presidente, vice-presidente e relatora. Assessora no Ministério do Trabalho, Solidariedade e Segurança Social. Formadora em DESC e Igualdade de Género. Membro da Comissão Internacional do Programa em Direitos Económicos, Sociais e Culturais das Mulheres, dos conselhos consultivos do Equal Rights Trust, do Centre for Civil and Political Rights e da Geneva Academy Human Rights Platform. Presidente do Conselho de Administração da Unicef Portugal. Oradora em conferências, seminários e artigos em publicações nacionais e estrangeiras.

2. Autores das notas introdutórias

ANA DE JESUS, para além do CENSE, que integrou em 2014, é, desde 2018, também investigadora no centro CE3C da Faculdade de Ciências da Universidade de Lisboa no grupo CCIAM — Alterações Climáticas: Impactos, Adaptação e Modelação —, integrando o projeto Horizon 2020 — Placard (Plataforma de Adaptação Climática e Redução de Riscos). Mestre em Economia e Integração Internacional pelo ISCTE - IUL Business School e doutorada em Estudos sobre a Globalização (Universidade NOVA de Lisboa), a sua formação multidisciplinar, abrangendo domínios como a economia, inovação, globalização e economia circular, permitiu-lhe colaborar com várias entidades numa perspectiva transversal da sustentabilidade, por exemplo, com a Comissão Europeia na organização da *4th European Climate Change Adaptation Conference* em 2018, com a ONU no quadro do *Global Sustainable Development Report 2015*, assim como, actualmente, com a OCDE na iniciativa *Adapting to a changing climate in the management of wildfires*. A sua investigação foca o papel da inovação na promoção de uma mudança sócio-tecno-económica para abordagens mais sustentáveis designadamente, economia circular, consumo e produção sustentáveis.

GIULIA IANNUZZI é mestre em Relações Internacionais pela Faculdade de Ciências Políticas da Universidade de Florença (Itália), é doutoranda no programa de doutoramento em Estudos sobre a Globalização da Universidade NOVA de Lisboa. Como investigadora tem colaborado em projectos europeus na área das políticas de energia, políticas de ambiente e *green economy*. Também trabalhou em empresas de energias renováveis e consultoria ambiental. Integrada no CENSE — Centro de Investigação em Ambiente e Sustentabilidade (FCT NOVA) desde 2015 tem vindo a desenvolver investigação sobre novos modelos de governança para a conservação da natureza e a transição socioecológica. Actualmente a sua investigação explora a emergência, a difusão e os impactos das áreas protegidas privadas.

INÊS COSME é doutorada em Estudos sobre a Globalização pela Universidade NOVA de Lisboa. Tem vindo a explorar a teoria e as práticas do decrescimento, através da investigação do papel das iniciativas de sustentabilidade na realização de mudanças fundamentais na maneira como as relações económicas e sociais são realizadas actualmente. É investigadora do CENSE — Centro de Investigação em Ambiente e Sustentabilidade desde 2012, tendo colaborado em vários projectos de investigação ao longo dos anos nas áreas de avaliação de sustentabilidade, economia verde, instrumentos de política ambiental e serviços dos ecossistemas. É formada em Engenharia do Ambiente pela FCT NOVA, e também possui um diploma de estudos avançados em Alterações Climáticas e Políticas de Desenvolvimento Sustentável pela Universidade de Lisboa.

JOÃO SILVEIRA é investigador e analista político independente. Doutorando em Global Studies na FSCH NOVA, com uma bolsa de doutoramento atribuída pela Fundação para a Ciência e Tecnologia (FCT). Actualmente desenvolve uma tese de doutoramento sobre relações transatlânticas e segurança marítima, intitulada «Os Papéis da UE e da OTAN na Promoção da Segurança Marítima. Do Pensamento Estratégico ao Compromisso». É mestre em Políticas Comunitárias e Cooperação Territorial e licenciado em Relações Internacionais pela Universidade do Minho. A sua actividade de investigação incide em torno de três grandes áreas temáticas: relações transatlânticas, com ênfase na cooperação UE-NATO; estudos de segurança, com ênfase em segurança marítima; e transições económicas, com ênfase em reconversões sectoriais e padrões de inclusão e exclusão de países do sistema internacional.

LUÍS PEREIRA DIAS é estudante no programa de doutoramento Estudos sobre a Globalização pela Universidade NOVA de Lisboa. A sua investigação sobre transições das cidades para um futuro sustentável e auto-suficiente foca-se na análise e desenvolvimento de ferramentas de suporte à decisão na definição de sistemas integrados e optimizados para segurança de abastecimento e acesso aos recursos água, energia e alimento nas cidades. Mestre em Engenharia do Ambiente — Gestão de Sistemas Ambientais — pela Universidade NOVA de Lisboa, tem desenvolvido carreira de investigação na área de energia e alterações climáticas no CENSE — Centro de Investigação em Ambiente e Sustentabilidade (FCT-NOVA). Desenvolveu também estudos de apoio técnico em contexto de consultadoria, nomeadamente na contabilização de emissões de gases com efeito de estufa e consumo de água enquadrado na análise de ciclo de vida de produtos alimentares. Participou em diversos projectos para entidades públicas nacionais como por exemplo o Roteiro — RNC2050 — Roteiro para a Neutralidade Carbónica, a Estratégia Nacional para o Ar e o RoadMap Portugal 2050. Participou também em vários projectos de investigação europeus (*e.g.* Insmart — Integrative Smart City Planning, Surecity e Odyssee — Mure).

PATRÍCIA TOURAIS é mestre em Engenharia do Ambiente pela Faculdade de Ciências e Tecnologia da Universidade NOVA de Lisboa, frequenta actualmente o programa de doutoramento de Estudos sobre a Globalização pela Universidade NOVA de Lisboa. A sua investigação foca-se nas áreas da sustentabilidade nas organizações e das transições para a sustentabilidade, através da aplicação de métodos participativos. O seu caso de estudo aborda a transição para a sustentabilidade no sector do turismo em Portugal, suportada na criação de estratégias para as empresas. Anteriormente participou nos projetos LARGe_SCM e PMEmas pelo CENSE, abordando a gestão do ambiente na cadeia de fornecimento e nas organizações. Colaborou também no projecto MAPA pelo ICS, desenvolvido em conjunto com a IGAMAOT, relativo à priorização das suas acções inspectivas. Leccionou como assistente na Escola Superior Agrária do Instituto Politécnico de Santarém as unidades curriculares de Ordenamento do Território, Direito e Políticas do Ambiente e Sustentabilidade Ambiental.

PEDRO CLEMENTE é licenciado pela Faculdade de Ciências e Tecnologia da Universidade NOVA de Lisboa, com Mestrado em Engenharia Ambiental — Sistemas de Gestão Ambiental, sendo actualmente estudante de doutoramento no programa de Estudos sobre a Globalização pela Universidade NOVA de Lisboa, realizando investigação sobre a eficácia e governança de áreas protegidas transfronteiriças. É investigador do CENSE — Centro de Investigação em Ambiente e Sustentabilidade, onde se dedicou à conservação da biodiversidade e serviços de ecossistema, principalmente através de projectos europeus (Scales, Policmix e OpenNESS). É membro da rede YESS (Young Ecosystem Services Specialists), dentro da Ecosystem Services Partnership (ESP) e membro do Grupo de Especialistas Transfronteiriços da IUCN WCPA. Actualmente colabora também como investigador no projecto «Avaliação do uso e impacto socioeconómico da Rota Vicentina».

PEDRO PONTE E SOUSA é assistente convidado em Relações Internacionais na Universidade Portucalense e investigador do Instituto Português de Relações Internacionais (IPRI). É doutorando em Estudos sobre a Globalização, na Universidade Nova de Lisboa (FCSH–NOVA), mestre em História, Relações Internacionais e Cooperação pela Universidade do Porto e licenciado em Línguas e Relações Internacionais pela mesma instituição. A sua tese de doutoramento analisa as relações entre globalização, governação global e política externa no Sul da Europa (Portugal, Espanha, Itália e Grécia). Os seus interesses de investigação incluem política externa; análise de política externa; diplomacia; globalização e governação global; Sul da Europa (Portugal, Espanha, Itália, Grécia).

ROMÁRIO S. BASÍLIO é doutorando do programa Estudos sobre a Globalização na FCSH–NOVA, e mestre em História Moderna e dos Descobrimentos pela mesma universidade. É investigador do Instituto Português de Relações Internacionais (IPRI) e do Núcleo de Estudos do Maranhão Oitocentista (NEMO). É um dos autores do livro *Vendem-se Impressos a Preços Cômodos na Cidade do Maranhão* (Editora UEMA, 2019). Tem conduzido estudos sobre a globalização em perspectiva histórica, com particular interesse na história global da Amazónia, trânsito de intelectuais, impressos e ideias.

VERA MARTINS licenciou-se em Direito pela Faculdade de Direito da Universidade de Lisboa, tendo concluído o mestrado em Desenvolvimento no ISCTE. É, actualmente, doutoranda na Universidade Nova de Lisboa, no âmbito do doutoramento em Estudos sobre a Globalização (bolseira da FCT). Foi advogada, docente e directora pedagógica da Faculdade de Direito da Universidade Católica de Moçambique. Em 1998 recebeu uma bolsa de estudo da DAAD (German Academic Exchange Service) para continuação da sua formação e estudos académicos na Alemanha e prepara uma tese sobre habitação, jurisprudência e normatividade.

TEXTO INTRODUTÓRIO

DESTEORIZAR PARA RETEORIZAR[1]

Saskia Sassen

Introdução

Uma característica da fase actual do capitalismo é a proliferação de margens sistémicas[2] dentro do território nacional. Concebo essas margens sistémicas como o ponto em que uma condição toma uma forma tão extrema que deixa de ser captável pelas medidas-padrão usadas por governos e peritos. Nestas margens, a principal dinâmica é a expulsão dos diversos sistemas em jogo — económico, social, biosférico. Assim, o que se situa para além da margem torna-se conceptual e analiticamente invisível, inalcançável. Cada domínio principal tem a sua margem sistémica distintiva, ou margens — logo, a margem é diferentemente constituída consoante se trate da economia, da biosfera ou do campo social. Este tipo de margem é fundamentalmente diferente das fronteiras geográficas do sistema interestatal.

A minha hipótese é que estamos a assistir à proliferação dessas margens sistémicas, muito devido a condições familiares — o declínio do estilo de economia política ocidental do século XX, a escalada da destruição ambiental ou o surgimento de formas complexas de conhecimento que

[1] A Professora Saskia Sassen participou num seminário de discussão com os doutorandos, organizado pelo programa de doutoramento em Estudos sobre a Globalização, no dia 18 de Maio de 2018, na NOVA FCSH. [Nota da Organizadora]

[2] No original, *systemic edges*. [N. do T.]

resultam frequentemente em brutalidades elementares. As lógicas de expulsão aqui analisadas são apenas algumas das muitas que poderão existir; elas são, geralmente, mais extremas do que qualquer lógica de expulsão passada, por exemplo, durante o anterior período keynesiano. Além disso, estas ocorrem também fora do Ocidente, como discuto detalhadamente em *Expulsions,* num longo capítulo sobre destruição ambiental, intitulado «Dead Land Dead Water».

A necessidade de desenvolver novos instrumentos de análise

No meu trabalho anterior (Sassen 2007, 2006), desenvolvi elementos metodológicos e conceptuais para ultrapassar categorias que foram desenvolvidas nos anos de 1950 para estudar o sistema interestatal, e que estão hoje enfraquecidas. Identifiquei uma variedade de vectores que permitem seguir processos independentemente da sua geografia. A minha intenção não foi contestar o peso das fronteiras entre os Estados, mas estudar a forma como um dado processo se posiciona à escala global. Quais os instrumentos — na lei, na economia, no social e no cultural — que foram, e continuam a ser, desenvolvidos para permitir a formação de processos transfronteiriços? Um resultado desta indagação foi que talvez a questão que marca o período contemporâneo não seja tanto o enfraquecimento das fronteiras entre os Estados, mas antes o poder de quem pode *fazer* novos tipos de fronteiras (Sassen 1991, 2006).

O trabalho existente sobre margens sistémicas (em *Expulsions*, 2014) e sobre a importância de nos situarmos nas margens difusas de um paradigma, e não no seu núcleo duro (em *Before Method: Analytic Tactics*, 2013), representa um instrumento conceptual adicional. Não substitui ou contesta o trabalho anterior (1991, 2006). Pelo contrário, parte dele, muitas vezes, levando-o mais longe, quer teórica quer empiricamente, apelando à necessidade de desteorizar — regressar ao «nível do solo»[3] — para conseguir ver esses novos alinhamentos. Vejo a necessidade de desteorizar como meio de reteorizar. Por exemplo, comparo dois complexos industriais extremamente poluentes, um na Rússia e outro nos EUA, e pergunto o que é mais relevante para compreender o período

[3] No original, *ground level.* [N. do T.]

em que vivemos: se a longa trajectória comunista de um, se a longa trajectória capitalista de outro, se as enormes capacidades de destruição ambiental de ambos.

Inserir a questão ambiental serve para triangular o que de outra forma seria uma mera comparação com recurso a variáveis convencionais (capitalismo *versus* comunismo), permite a emergência de um terceiro espaço de conhecimento e ajuda-nos assim a ultrapassar comparações tradicionais: deixamos para trás a Guerra Fria e organizamos a nossa investigação e interpretação em termos do que é urgente e relevante hoje, com a questão ambiental a representar um desses temas de relevância actual. Esta espécie de terceira dimensão assume significados e conteúdos específicos dependendo do domínio ou das variáveis em que me foco. Por exemplo, exploro o crescimento e a privatização das prisões nos EUA e o crescimento e a privatização dos campos de refugiados. Ambos crescem e ambos estão cada vez mais associados a interesses privados. A minha questão é: será que estas duas formações, tão distintas e com detalhes tão específicos, são paralelos sistémicos, cada um deles adaptado às particularidades do seu ambiente? Esta prática metodológica e interpretativa é continuamente usada em *Expulsions*.

Além disso, o carácter extremo das condições nas margens ajuda a tornar visível o que em situações mais moderadas pode também acontecer dentro do sistema — um pouco menos de igualdade na distribuição de rendimentos ou a forma como vamos experimentando de tempos a tempos os sintomas subtis das alterações climáticas. Nos espaços dos excluídos encontramos versões muito mais graves desde classes médias que perderam tudo, a casos de solos e massas de água mortas. Assim, concebo a margem sistémica como um sinalizador da existência de tendências *conceptualmente* subterrâneas — tendências que dificilmente se tornam visíveis com as nossas categorias de significado actuais. Daí a importância de posicionar a minha investigação na margem sistémica, onde as condições tomam a sua forma extrema e nesse processo escapam também às nossas medições e representações convencionais.

Um elemento-chave dessas expulsões é a confluência de elementos frequentemente experimentados (e admirados) como requerendo conhecimentos especializados e formatos organizacionais complexos. O aumento da complexidade dos instrumentos financeiros, resultado de classes criativas brilhantes e da matemática avançada, que muitas vezes acaba por destruir empresas não-financeiras saudáveis, é um exemplo disso. Outro é o da complexidade das características legais e contabilísticas dos contratos que permitem a um governo soberano adquirir vastas parcelas de terra num outro Estado-nação soberano. E outro ainda são as engenharias e inovações incríveis que deram origem a formas de mineração que destroem o solo e as massas de água. No meu trabalho exploro em que medida as nossas economias políticas avançadas atingiram o ponto em que a complexidade tende a produzir brutalidades elementares.

Aquilo que é expulso e as condições dessa expulsão variam muito. Por isso não é fácil ver estas diferentes expulsões como sendo resultado de uma mesma dinâmica emergente. Incluo na noção de expulsão um vasto leque de processos e condições. O que estes têm em comum é o seu carácter grave. Vão desde o empobrecimento das classes médias nos países ricos, ao despejo de milhões de pequenos agricultores nos países pobres devido aos mais de 300 milhões de hectares de terra adquiridos por investidores e governos estrangeiros desde 2006. Entre os mais conhecidos está o crescente número de pessoas vivendo em extrema pobreza que dão um significado completamente novo à palavra, e os deslocados contidos nos campos de refugiados, formais e informais. Há também, nos países ricos, as minorias[4] contidas nas prisões, e os homens e mulheres, fisicamente aptos mas desempregados, contidos em guetos e zonas degradadas da cidade. Algumas destas expulsões existem há muito tempo, mas não à escala actual. Algumas são novos tipos de expulsões, tais como os 14 milhões de famílias nos EUA cujas casas hipotecadas foram executadas numa história curta e brutal que durou apenas uma década. Em suma, o carácter, o conteúdo e os lugares destas expulsões variam enormemente com o estrato social e a geografia.

A globalização do capital e o aumento acentuado das capacidades tecnológicas produziram efeitos de escala que bateram recordes históricos. Aquelas que no passado foram pequenas deslocações e perdas, são hoje expulsões em massa. Apercebi-me, contudo, que tentar compreender esta

[4] A autora usa a expressão *minoritized*, que não significa necessariamente minorias objectivas ou naturais, mas antes remete para as pessoas representadas como minorias; no original o leitor é, portanto, confrontado com a ideia de um processo de construção da minoria. [N. do T.]

escalada apenas como mais desigualdade, mais pobreza, mais capacidade tecnológica, e assim por diante, não ajuda.

Uma questão transversal no meu trabalho sobre a noção de «expulsões» tem sido perceber se estes diferentes casos — que cruzam diversos estratos sociais, a divisão entre urbano e rural, a grande clivagem entre o Norte Global e o Sul Global — são uma manifestação superficial, ou forma localizada, de dinâmicas sistémicas mais profundas que articulam muito do que agora parece desconectado. Estas dinâmicas podem estar a operar a um nível mais subterrâneo, conceptualmente, do que as formações familiares nas quais nos baseamos para compreender a nossa condição actual. Apoiamo-nos em indicadores como a economia capitalista, a China comunista, a África subsaariana, e assim por diante, para dar significado e uma forma familiar a factos e eventos que podem muito bem estar a emergir de dinâmicas sistémicas não familiares. Para esse efeito, recorro à noção de dinâmicas subterrâneas — conceptualmente subterrâneas, para ser mais exacta —, na medida em que estas são invisíveis para nós que continuamos presos a categorias de significado antigas. Se filtradas pelas densas realidades familiares — pobreza, desigualdade, economia, política —, as novas dinâmicas podem facilmente tomar formas igualmente familiares, quando na verdade estão a sinalizar acelerações ou rupturas que geram novos significados.

Rápido remapeamento do espaço operacional do poder económico

O início da década de 1980 foi marcado por duas profundas mudanças que ainda hoje evoluem um pouco por todo o mundo, embora com diferentes características consoante a localidade. A primeira mudança foi a transformação de cada vez mais partes do mundo em zonas extremas destinadas a operações económicas estratégicas. Por um lado, temos uma externalização global da produção, dos serviços e de tarefas administrativas para zonas de salários baixos e fraca regulação. No outro extremo, o desenvolvimento à escala mundial de cidades globais como espaços estratégicos para funções económicas avançadas; isto inclui cidades criadas de raiz e a renovação muitas vezes brutal de cidades antigas. A rede de cidades globais funciona como uma nova geografia da centralidade que atravessa as velhas divisões Norte-Sul/Este-Oeste.

E o mesmo acontece com a rede de zonas francas para externalização do trabalho. Uma geografia concentra-se na riqueza mundial, a outra nas formas de trabalho barato à escala global.

A segunda mudança foi a ascensão do sector financeiro que se torna uma capacidade central da economia global contemporânea. A rede de cidades globais é um espaço operacional estratégico quer no Norte Global quer no Sul Global. O sector financeiro em si não é novo — faz parte da nossa história há milénios. O que o diferencia na era actual é a sua capacidade de desenvolver instrumentos extremamente complexos e de beneficiar de redes electrónicas e dos enormes efeitos multiplicadores que delas resultam. A ascensão do sector financeiro tem consequências mais vastas para a economia. Enquanto na banca tradicional vende-se o dinheiro que a banca tem, no sector financeiro vende-se o dinheiro que este não tem. Quer isto dizer que o sector financeiro precisa de invadir os sectores não-financeiros para assim levar a água ao seu moinho. E nenhum instrumento é tão bom a fazer isso como os derivados. O resultado é uma escalada vertiginosa do valor do sector financeiro conforme medido pelos (contratos de) derivados em circulação.

Dentro do próprio capitalismo, o que marca a relação entre capitalismo tradicional e capitalismo avançado é a extracção e a destruição. Na sua forma mais extrema, isto pode significar o empobrecimento e a exclusão de um número crescente de pessoas que deixam de ter valor como trabalhadores ou consumidores. Mas significa também que as pequenas burguesias, e as burguesias nacionais tradicionais, perdem igualmente valor para o sistema mais alargado. Estas tendências não são anómalas nem resultado de uma crise; são parte do actual aprofundamento sistémico das relações capitalistas, assim como o é a rápida diminuição do espaço económico na Grécia, na Espanha, nos EUA, e em muitos outros países desenvolvidos.

Na perspectiva desta lógica sistémica, os recursos naturais de grande parte da África e de boa parte da América Latina e da Ásia Central contam mais do que as pessoas dessas terras contam como consumidores ou trabalhadores. Quando isto acontece é porque ultrapassámos as formas anteriores de capitalismo que assentaram na expansão acelerada das classes médias e trabalhadoras prósperas. Maximizar o consumo das famílias foi uma dinâmica crítica desse período. Mas a sua importância diminui à medida que o sector financeiro e a extracção tomam controlo.

Para além dos ricos: formações predatórias

Além do conceito de margem sistémica e do conceito associado de expulsões, procurei desenvolver e implementar uma outra categoria fundamental que pretende captar a especificidade do período actual: *formações* predatórias. Conceptualizei-as como indo bastante além da noção comum de poder dos ricos. Tais formações incluem legislação e contabilidade, capacidades técnicas, a vontade de órgãos governamentais executivos de adoptar o ponto de vista das empresas globais, entre outros. Estas formações predatórias rompem com os contornos de características estabelecidas dentro da economia, da governação e da política, e com as noções aceites sobre o significado dessas mesmas disciplinas. Por outras palavras, a fase actual não pode ser apenas explicada em termos da concentração dos rendimentos e da riqueza num pequeno grupo do topo. Os ricos sozinhos não poderiam ter concretizado as mudanças em massa a que temos assistido nos últimos trinta anos.

Em muitos casos, os grandes processos destrutivos da actualidade são montagens complexas de objectivos e instrumentos (legais, técnicos, etc.). A expulsão das pessoas das suas vidas normais pode ser um efeito secundário, mesmo que as minorias[5] possam aparecer mais frequentemente como alvo, exactamente porque são mais vulneráveis e visíveis. A minha concepção de expulsão vai muito além de apontar a um alvo concreto. A expulsão é mais brutal do que o alvejar: estes homens e mulheres não contam para nada; não aparecem na fotografia. A eleição de um alvo concreto poderia manifestar-se se eles resistissem antes de ser expulsos, mas muita desta destruição é rápida, anónima ou sem rosto, e total. Na verdade, os expulsos deste período concreto são cada vez mais diversos: fazem parte de uma grande variedade de grupos, lugares, projectos e histórias. Estas expulsões tocam minorias discriminadas e classes médias dominantes.

Um aspecto importante é a ênfase que dou ao facto de as extraordinárias novas ferramentas que estão à disposição das empresas e dos indivíduos poderosos começarem a constituir formações sobre as quais estes deixam de ter controlo, por assim dizer, contando apenas como mais um entre

[5] Ver N. do T. anterior.

vários elementos. Exemplos de outros elementos são as matemáticas avançadas e as comunicações, certas máquinas que podem literalmente mover montanhas, a margem de manobra e liberdade de circulação global dos executivos de topo que lhes permite ignorar ou intimidar tanto governos nacionais (e as suas leis) como instituições internacionais (empresas globais, o FMI, etc.), cada vez mais pressionados a estar de acordo com a sua agenda. E depois há os governos do Ocidente, os bancos centrais, o FMI e outras instituições internacionais, todos reforçando a necessidade de reduzir a dívida pública excessiva, os programas sociais excessivos, a regulação excessiva, e orientados no sentido de reduzir os serviços sociais e a assistência aos mais desfavorecidos.

Esta é a actual linguagem das instituições-chave do poder no Ocidente e cada vez mais em todo o mundo. Entre os objectivos e finalidades destas instituições está, de facto, conseguir reduzir o espaço da economia de um país sem tocar na rentabilidade do sector empresarial. Isto implica a expulsão de um crescente número de sectores e trabalhadores que deixam de ser valorizados. Na sua brutalidade crua, a transformação da Grécia ilustra bem isto: a rápida expulsão em massa de pequenas empresas com lucros moderados e de uma classe média modesta (ou não tão modesta) que foi afastada dos seus empregos, dos serviços médicos e sociais, e progressivamente das suas casas. Este tipo de processo está a acontecer em muitos países, desde os casos bem conhecidos de Espanha ou Portugal, ao menos conhecido da Alemanha ou dos Países Baixos. Mesmo países onde o emprego aumenta, como os EUA, viram o espaço das suas economias diminuir, como nos apercebemos quando atendemos ao rápido aumento do número de desempregados de longa duração, presos e pequenas empresas com ganhos modestos que na verdade estão falidas.

Não podemos esquecer o passado de regiões que hoje parecem perdidas, tempos de bonança que foram esquecidos por muitos observadores, como se a impotência destas fosse um elemento constitutivo, intrínseco das suas culturas. Por detrás das guerras de hoje e das sociedades desmembradas de grande parte da África subsaariana, jaz um período de produção em massa, crescimento das classes médias, florescimento de mercados fervilhantes e capitais, infra-estruturas de iniciativa governamental e sistemas escolares e de saúde. Antes do colapso, a Somália era uma sociedade relativamente próspera, um país relativamente bem governado, ainda que autocrático, e com uma classe média instruída. E veja-se a Rússia, onde o elevado número de pessoas sem-abrigo, idosos abandonados e dos muito pobres sem acesso a serviços sociais são hoje uma nova realidade. Os regimes comunistas da União Soviética e da Europa de Leste tinham Estados-providência que cuidavam dos seus cidadãos.

Uma preocupação em *Expulsions* foi tornar visível o movimento para o espaço dos expulsos — captar o lugar visível e o momento da expulsão, antes que nos esqueçamos. Os camponeses e pequenos agricultores expulsos das suas terras pelas plantações de palmeiras rapidamente desaparecem nos enormes bairros de lata das megacidades, onde se materializam como seus moradores — completando o apagamento do seu passado enquanto pequenos agricultores e conhecedores de plantas, sementes e clima. Os funcionários públicos na Grécia a quem, em nome das exigências da União Europeia (UE) para reduzir a dívida, foram retirados os seus empregos, ingressam na massa de desempregados, e cedo deixam de ser reconhecidos como ex-funcionários públicos. Vastas parcelas de solo morto, poluído por emissões tóxicas de fábricas ou minas, são excluídas do solo arável, para longe da memória.

Novas geografias da centralidade e da marginalidade

Há muito que existem o que chamo de circuitos transversais — ou seja, circuitos que atravessam divisões conhecidas e bem-estabelecidas. No meu trabalho anterior, descodifiquei alguns dos circuitos que tendo começado no «Ocidente» atravessaram historicamente vários acontecimentos e geografias por meio de guerras, comércio, escravatura, aniquilação de populações indígenas, entre outros (ver *Territory*, 2006: capítulos 2 e 3). Nomeadamente, estudei e conceptualizei as versões actuais desses circuitos transversais.

Entre os últimos, documentei empiricamente a construção activa de diversas geografias de poder/privilégio/extracção que remontam aos anos de 1980 e são transversais às divisões tradicionais do sistema interestatal moderno (Norte e Sul, Leste e Oeste). Estas geografias transversais de privilégio e poder encontram-se confortavelmente estabelecidas em países onde muitas das segmentações tradicionais persistem, nomeadamente a falta de cuidados de saúde e acesso à alimentação e água no Sul Global, ou a existência de uma forte estrutura governamental comunista nalgumas partes do Leste.

Considero bastante relevante o facto de estas novas geografias transversais poderem coexistir com divisões antigas. As elites da Nigéria sentem-se mais à vontade com (e mais orientadas para) as elites de Londres e Bombaim do que com (e para) as classes mais pobres e modestas do seu país. Neste sentido, estas novas geografias têm também o efeito de desmontar[6] sociedades e culturas, bem como os seus territórios e Estados nacionais (ver *Territory*, 2006: capítulos 5, 7 e 8; *Expulsions*, 2014: capítulos 1, 2, e 3). Alguns destes territórios são construídos à imagem das cidades mais ricas do mundo, beneficiando dos mais recentes desenvolvimentos tecnológicos, enquanto outros são inteiramente negligenciados, não tendo sequer direito a água canalizada ou electricidade.

Estas geografias da centralidade incorporam sectores específicos (cidades de vanguarda, elites empresariais, os ricos, órgãos executivos estatais incluindo os seus bancos centrais, as maiores empresas públicas, entre muitos outros). E expulsam o resto. Assim, um país com uma grande quantidade de localidades empobrecidas, nas quais falta todo o tipo de serviços básicos, da saúde à educação, pode todavia colocar os seus limitados recursos no desenvolvimento da sua cidade de eleição, que assim poderá funcionar como centro numa dessas geografias da centralidade. Há muitos exemplos, alguns familiares, como Abuja na Nigéria, outros emergentes, como Luanda em Angola. E o mesmo se passou na década de 1980 nos chamados países ricos, quando se cortou nos serviços sociais e no melhoramento de infra-estruturas nacionais, enquanto se apostava no embelezamento de cidades de eleição. Desenvolvo isto em *Cities in a World Economy* (2012) e nas duas edições de *The Global City* (1991, 2001). Também me apercebi de que construir/fundamentar estas geografias transversais emergentes tem funcionado como uma poderosa ferramenta para mobilizar, persuadir e justificar o grande projecto empresarial transnacional.

---

[6] A autora usa o termo *disassembling*, remetendo assim para o conceito de *assemblage*, presente em vários textos seus. [N. do T.]

No passado, o Império Britânico queria toda a África, a Espanha toda a América, e assim por diante. Os poderes de hoje querem apenas partes específicas dos territórios nacionais dentro dos quais operam. Uma vez terminada a extracção de minerais, ou água, ou culturas agrícolas, retiram-se e mudam-se para os próximos lugares de extracção. Estas geografias móveis deixam para trás terras e lugares destruídos pelo seu uso e que acabam por ser expulsos dessas mesmas geografias — expulsos para zonas de solo e massas de água mortas. Outro caso de expulsão é o da classe média tradicional: outrora actor crucial na construção de uma economia industrial assente no consumo, torna-se cada vez mais inútil na perspectiva destas geografias da centralidade. Isto é, não são apenas os «lúmpen», os refugiados e outras populações desesperadas que se tornam «lixo humano». Estas são, portanto, geografias da centralidade cada vez mais particularizadas, prontas a expulsar pessoas, lugares e blocos de biosfera.

Conclusão:
Regressar ao nível do solo para ultrapassar os silos do conhecimento

Como referi anteriormente, um argumento de fundo do meu trabalho é que para revelar a condição actual temos de regressar ao «nível do solo» e desteorizar, ou destabilizar categorias dominantes e explicações robustas, para assim poder reteorizar. Não podemos avançar sem teoria se queremos ir para além da análise empírica de configurações e processos complexos. Também não penso que uma pessoa, sozinha, possa fazer essa reteorização. Em vez disso, proponho um conjunto de significados instáveis que despertam a necessidade de colectivizar o trabalho de debater os temas aqui discutidos. Podemos agregá-los em (a) condições emergentes (por exemplo, o reforço das cidades globais e a negligência das zonas do interior); (b) transversalidades que saem fora das categorias dominantes (por exemplo, o facto de prisões e campos de refugiados partilharem cada vez mais características); (c) dinâmicas que apagam conteúdos (por exemplo, quando a destruição ambiental é tão absoluta que o resultado não é apenas degradação, mas solo e massas de água mortas).

No meu trabalho mais recente tenho procurado identificar ressonâncias entre tipos de expulsões muito diferentes, como as prisões de longo-prazo e os campos de refugiados também de longo-prazo. Nunca estes são colocados no mesmo espaço de conhecimento. Cada um é examinado nos seus próprios termos, por tipos de peritos muito diferentes, que nunca entram em diálogo entre si. No meu trabalho, argumento no sentido contrário, chamando a atenção para a necessidade de pôr em diálogo condições muito distintas. O resultado é um modo de investigação que insiste em desteorizar para assim detectar características que consoante a condição assumem conteúdos e formatos muito diferentes: nas ciências sociais, as prisões e os campos de refugiados são colocados em espaços conceptuais distintos e desconectados. Por exemplo, insisto em estabelecer como prioridade a brutal capacidade de destruição ambiental, quer do complexo de produção de níquel de Norilsk na Rússia (o maior do mundo), quer das grandes operações mineiras para extracção de ouro em Montana, independentemente de o primeiro pertencer à história comunista e o segundo à capitalista.

Resumindo, e para ilustrar o que é um conjunto muito amplo de domínios, sustento, por exemplo, que a capacidade que temos hoje de destruir o ar, a água e a terra se sobrepõe às categorias dominantes do sistema interestatal. Mais ainda, os espaços dos expulsos não são espaços «regulares» onde grande parte da vida social, política, e económica continua a ter lugar. Mas tampouco são meros não-espaços. De facto, cada vez mais, neste período concreto, os espaços dos expulsos surgem de diferentes grupos, lugares, projectos e histórias.

O meu interesse é saber se há uma disjunção entre a singularidade da superfície de cada uma das expulsões e dinâmicas mais profundas a elas subjacentes. Esta é a possibilidade que me conduz à noção de expulsões. É uma característica presente em todos os casos, mesmo quando o seu carácter e conteúdo varia enormemente. O facto de os múltiplos e especializados campos de investigação, conhecimento e interpretação terem os seus próprios cânones e fronteiras em termos de métodos e teorias, não ajuda a tarefa.

Na sua face mais brutal, a minha hipótese sustenta que, sob as especificidades de cada caso, existem tendências sistémicas emergentes moldadas por um pequeno número de dinâmicas elementares, dinâmicas essas com ordens visuais e sociais muito diferentes. Nesse sentido, a investigação empírica e a recodificação conceptual têm de ser realizadas em conjunto: empiricamente, pode parecer «africano» ou «italiano», mas serão estes rótulos, que herdámos de uma era anterior, ainda úteis para compreender a natureza da nossa época? Invocando um caso manifestamente óbvio, a China pode ter ainda muita coisa comunista, mas as suas crescentes desigualdades e o mais recente empobrecimento das classes médias mais modestas podem ter tido origem em tendências mais profundas que partilha com um país tão diferente como os EUA. Estes são países muito diferentes, e vão continuar a sê-lo por muito tempo. Todavia, ambos podem «acolher» o sector financeiro, as tendências especulativas e a pressão para maximizar lucros. E estes paralelos e as suas consequências sobre pessoas, lugares e economias podem muito bem ser as mudanças mais significativas dos nossos tempos. Claramente, esta atenção prestada ao que se passa no interior dos países contrasta com a atenção, de longe mais comum, dada às fonteiras nacionais enquanto locais onde a mudança acontece.

Referências

Sassen, Saskia, *The Global City: New York, London, Tokyo*, Princeton NJ, 2.ª ed., Princeton University Press, 2001.

The Global City: New York, London, Tokyo, Princeton, NJ: Princeton University Press, 1991.

Territory Authority Rights, Princeton, NJ, Princeton University Press, 2006.

A Sociology of Globalization, W. W. Norton, 2007.

Cities in a World Economy, Thousand Oaks, CA, 4.ª ed., Sage Publications, 2012.

«Before Method: Analytic Tactics», *Pluralist*, 8 (3), pp. 79–82, 2013.

Expulsions: Brutality and Complexity in the Global Economy, Cambridge, MA: Harvard University Press/Belknap Book, 2014.

PRIMEIRA PARTE

DIREITOS HUMANOS

NOTA INTRODUTÓRIA

Vera Martins[1]

Com o painel de Direitos humanos, os investigadores do programa doutoral em Estudos sobre a Globalização pretendem provocar um diálogo crítico e abrangente, colocando para tal questões que convocam diferentes campos científicos.

Muitos de nós têm de lidar com temas de direitos humanos na sua investigação. Por isso, esta breve reflexão está profundamente ancorada nas nossas diferentes formações que incluem direito, história, economia e engenharia do ambiente.

O primeiro artigo do painel pertence a Albie Sachs, ex-juiz do Tribunal Constitucional da África do Sul, e traz o artigo «Globalização *vs.* Universalismo — O Abraço Intrincado de Inimigos Figadais» que discute o conceito de globalização *vis-à-vis* o de universalismo. O segundo artigo deste painel, de Virgínia Brás Gomes, ex-vice-presidente do Comité de Direitos Económicos, Sociais e Culturais das Nações Unidas «O Poder Transformador dos Direitos Económicos, Sociais e Culturais na Guerra e na Paz» relaciona os direitos económicos, sociais e culturais com os direitos civis e políticos, demonstrando a importância de ambos em cenários de pós-conflito.

Em 1948 as Nações Unidas proclamaram e apresentaram ao mundo a Declaração Universal dos Direitos Humanos (DUDH), visando proteger a dignidade humana sob um enquadramento moral, legal e político. Promovia-se a ideia de igualdade entre todos os seres humanos e um

[1] Bolseira de doutoramento FCT (SFRH/BD/52298/2013).

espírito de fraternidade através do respeito por liberdades individuais e colectivas.

Para se atingirem estes ideais, os diferentes colectivos foram reconhecidos como contextos relevantes de indivíduos e o direito desempenhou aqui um papel importante — sobretudo porque pode ser entendido como uma forma de manter unidos os seres humanos, mesmo nas suas inevitáveis diferenças.[2] Castanheira Neves, ao definir o direito como uma específica ordem de validade com um irredutível mínimo ético, confirma esta perspectiva mais vasta de que o direito serve para unir os seres humanos.[3] Note-se, por exemplo, na força da ideia milenar de que os estrangeiros precisam de protecção precisamente porque expressa esse mínimo ético do direito.[4] Perguntamo-nos então: Quem precisa ainda hoje da protecção do direito?

No sentido da pergunta formulada, teremos de constatar que a riqueza produzida no mundo tem crescido enormemente, e Jack Goldstone no seu artigo «Globalização e o Reflexo Autoritário» (neste livro) refere especificamente o «excepcional crescimento económico e prosperidade» dos gloriosos 30 anos do pós Segunda Guerra Mundial. No entanto, acentua-se o abismo entre as cidades e as suas periferias ou margens esquecidas. E se atentarmos no gritante desfasamento entre o litoral e o interior de Portugal e de muitos outros países, ficando o interior cada vez mais resignadamente abandonado pelos poderes centrais, encontramos também aí a desprotecção de muitos seres humanos. Vejamos também como se aprofunda o fosso entre países ricos e pobres, mesmo depois do optimismo das últimas décadas do século XX em que se acreditou que o crescimento contínuo de ambos — países pobres e ricos — seria irreversível.

Após a DUDH, alguns estados-nação atingiram níveis elevados de respeito pelos direitos humanos, o que permitiu atenuar as desigualdades entre seres humanos em certos países. Tal como Albie Sachs sumariza

---

[2] Roberto Mangabeira Unger, *Law in Modern Society: Towards a Criticism of Social Theory*, The Free Press (1976).

[3] A. Castanheira Neves, *Metodologia Jurídica — Problemas fundamentais*, Boletim da Faculdade de Direito, Coimbra Editora (1993).

[4] É até fundadora do Direito internacional. Ver Rhona Smith, *Textbook on International Human Rights*, 3.ª edição, Oxford University Press (2007).

no primeiro artigo deste painel, a proclamação formal da DUDH teve um papel fundamental na formação das democracias. O autor recorda ainda o intenso debate vivido na África do Sul sobre se a DUDH servia o propósito de derrubar o *Apartheid* ou se, pelo contrário, seria mais uma imposição do Ocidente em África.

No entanto, há que reconhecer que ainda hoje milhões de pessoas vivem em condições degradantes, sobretudo em países pobres. Muitos seres humanos continuam a estar sujeitos a inaceitáveis condições de trabalho, desde logo o trabalho forçado. O acesso à educação, saúde, condições sanitárias e a um ambiente sustentável ou é inexistente ou é muito limitado para milhões de pessoas, devido à sua origem, raça, religião, língua, género, ideologia política ou estatuto económico.

Será, pois, debatida ao longo do painel a seguinte questão: podem os direitos humanos ajudar a corrigir desequilíbrios estruturais globais ou serão sempre encarados como invenções ocidentais?[5]

Outra questão a colocar será: os ciclos de violência — caracterizados por homicídios, massacres, tortura, violações — podem ser quebrados através da repressão estatal que implica igualmente a violação de direitos humanos? Veja-se o exemplo da Colômbia, ainda enfrentando as sequelas da guerra civil. Analisaremos como podem os Estados fracos e os países com laços fracos com a sociedade civil contribuir para o respeito dos direitos humanos, sem descurar, conforme se refere detalhadamente no artigo de Virgínia Brás Gomes, os direitos económicos, sociais e culturais.

Uma outra questão mais especulativa, ou próxima da filosofia, que decorre da leitura dos artigos deste painel e que importa colocar é: os direitos humanos representam hoje a expansão fortalecida do conceito tradicional de Estado de direito? Esta questão levar-nos-á a aprofundar os conceitos de território, soberania e jurisdição porque parecem ainda ser essenciais à implementação dos direitos humanos em larga escala.

O direito tem procurado desde sempre resolver os novos problemas que a sociedade lhe apresenta. Não esqueçamos que os problemas legais são hoje, em bom rigor, dificuldades de resposta a problemas sociais:

[5] Jack Goldstone também salienta no mesmo artigo o facto de o conceito de democracia ter nascido no Ocidente e Roberto Mangabeira Unger (1976) situa na Europa pós-feudal equilíbrios específicos entre interesses privados e consensos que terão dado origem a um ideal de Estado de direito, próximo do que conhecemos hoje.

Castanheira Neves (1993) defende há muito que apenas perante uma crise profunda o direito fará progressos no sentido de compreender o que é especificamente «jurídico», deixando de estar enredado nos seus problemas metodológicos e alcançará então objectivos de justiça mais ambiciosos. Sempre que o Estado de direito — com a sua intencionalidade normativa, princípios fundamentadores e estruturas específicas — se divorcia da realidade, da força conformadora da realidade com sede de justiça, perde-se este recurso específico que se situa para além da política. Perde-se então a intenção normativa de unir pessoas muito diferentes, recurso valioso em sociedades politicamente fragmentadas e multiculturais.

Uma última questão, talvez mais subtil mas subjacente ao painel de direitos humanos, será: assistimos hoje, nos processos de globalização em curso, a uma competição subtil entre sistemas ou famílias jurídicas? Poder-se-á afirmar que a família jurídica de *common law* — destacando-se os EUA, Reino Unido e Austrália — preconiza a espontânea regulação do mercado enquanto nos sistemas de direito continental europeu, o direito público estará mais desenvolvido e dará mais força às necessidades sociais? Mas, nesse caso, como explicar o carácter «normativo»[6] de certas políticas económicas ou até das «formações predatórias» que Saskia Sassen refere no seu artigo «Desteorizar para Reteorizar»? Podemos assim deduzir que essas formações, que têm um espaço de acção global, impõem-se para além das decisões democráticas e que isto acontece também no bloco continental europeu. Veja-se o caso emblemático da habitação que se invoca de seguida.

Por volta de 1980 os governos de Ronald Reagan e Margaret Thatcher encorajaram a transição de uma provisão pública da habitação para

[6] Para melhor compreensão do conceito de normativo, cumpre esclarecer que o sistema jurídico não é um conjunto de regras obrigatórias, um pré-dado (*aufgegeben*), mas sim uma tarefa (um objectivo). A realização do direito, conforme ensina Castanheira Neves «não é, na verdade, apenas "a conservação de um estado" mas a "ordenação de uma alteração" — segundo as expressões de Luhmann». Ver A. Castanheira Neves, «Metodologia Jurídica — Problemas fundamentais», *Boletim da Faculdade de Direito*, Coimbra Editora (1993). A normatividade (a dimensão intencional e jurídica) implica sempre a experiência histórica e é no caso concreto que se alarga e aprofunda com novas perguntas, novos problemas, novas intenções — devolvendo então novas valorações, princípios e critérios normativos.

market delivery mechanisms. No entanto, esta política que Wolfgang Streeck qualificou como uma pura substituição da dívida pública pelo endividamento privado (*privatized keynesianism*)[7] assentou na ideia da criação de uma sociedade melhor através da ética do mercado ou até da eficiência espontânea intrínseca ao puro funcionamento dos mercados — teorizada por Hayek.[8] Assim, Saskia Sassen identifica consequências destas políticas, referindo expressamente a recente perda massiva de habitação pela classe média norte-americana: no quadro da Grande Recessão (2007–2009) foram executadas cerca de 14 milhões de habitações nos EUA.[9] Podemos assim conjectural que, tendo a Europa sido também assolada pela crise imobiliária, após a mesma ter ocorrido nos EUA, ficaria demonstrada a convergência para um mercado hipotecário global que já chegou ao continente europeu. Poderão os direitos humanos desempenhar aqui um papel, exigindo do Estado de direito democrático a implementação de um mínimo ético irredutível?

Recordemos que a génese dos direitos humanos assentou em três dimensões ainda problemáticas: a igualdade perante a lei, o direito à propriedade e a liberdade religiosa. Mas no que diz respeito ao direito à propriedade, muitos verificam hoje com estupefacção o facto de que comprar uma habitação numa capital europeia é para muitas famílias de classe média — conforme enfatizado também por Jack Goldstone — um sonho que pertence a gerações passadas. Esta perplexidade com que lidamos actualmente parecerá fruto de políticas pouco sensatas. E note-se que na Magna Carta — de 1215 — se podia encontrar o direito de esperar que os governantes fossem sensatos e justos, com autoridade limitada no que diz respeito à vida privada e à propriedade dos seus concidadãos. Constata-se que a propriedade permanece um dos pontos centrais na efectivação dos direitos humanos.

Não esqueçamos, pois, ensina Rudolf von Jhering (1818–92), que a justiça nasce da força de fazer valer o seu direito e portanto pode até ainda permanecer no estado pueril que o autor lhe atribuía, no

[7] Disponível em https://newleftreview.org/issues/II71/articles/wolfgang-streeck-the-crises-of-democratic-capitalism.

[8] Embora nunca testada no seu estado puro. Ver F. A. Hayek, *Droit, legislation et liberté*, Presses Universitaires de France [1979] (2007).

[9] Ver artigo de Saskia Sassen neste livro.

século XIX, quando estudou o espírito do direito romano.[10] Nesse caso, compreendemos ainda pouco, tal como há dois séculos, o que é o «jurídico» e tudo o que poderá fazer para efectivar, com maior alcance, os direitos humanos.

[10] Ver Rudolf von Jhering, *L'esprit du Droit Romain*, Forgotten Books, Classic Reprint Books, [1877] (2015).

CAPÍTULO 1

GLOBALIZAÇÃO *VS.* UNIVERSALISMO — O ABRAÇO INTRINCADO DE INIMIGOS FIGADAIS[1]

Albie Sachs

Parece que o principal critério para se ser convidado pela Teresa [Pizarro Beleza], para vir a Lisboa, é ser provocador. Vou, pois, cumprir a tradição inaugurada pelo meu colega aqui à direita, neste palco [Richard Zimler]. É certo que seria um pouco mais fácil para mim ser provocador se estivesse na África do Sul, mas creio que consigo transpor o desafio do hemisfério sul para o hemisfério norte.

Começarei por colocar duas questões. A primeira é a seguinte: qual é a única coisa boa que o *apartheid* produziu? A pergunta consegue certamente despertar a audiência na África do Sul e julgo que, mesmo aqui, em Portugal, vos deixará em alerta. A outra questão é esta: conseguem lembrar-se do que fizeram no dia 6 de Abril de 1952? Infelizmente, nunca recebo uma resposta para esta segunda questão. Estou a ficar habituado a ser, de longe, a pessoa mais velha da sala, mas a pergunta constitui o pretexto adequado para uma boa provocação.

---

[1] Este capítulo corresponde à comunicação apresentada pelo Juiz Albie Sachs no Colóquio «O que Sabemos sobre a Globalização?», organizado pelo programa de doutoramento em Estudos sobre a Globalização, no dia 16 de Fevereiro de 2018, na NOVA FCSH. As suas posições, relativamente aos Direitos Humanos, à luta contra o *apartheid* na África do Sul e em defesa da democracia, foram igualmente abordadas na intervenção do Juiz Albie Sachs, na cerimónia de atribuição do Doutoramento *Honoris Causa* pela Universidade Nova de Lisboa, no dia 14 de Fevereiro de 2018. [N. da O.]

6 de Abril de 1952: tenho 17 anos, frequento o segundo ano do curso de direito, estou numa sala do município em Salt River, na Cidade do Cabo, pouco maior do que esta e muito menos elegante, certamente. No seu interior encontram-se cerca de 190 negros e talvez 10 brancos. A data é importante: a 6 de Abril de 1652, um comandante da marinha holandesa, Jan Van Riebeeck, atracou na Cidade do Cabo. Hasteou aí a bandeira da Companhia Holandesa das Índias Orientais e agora aprendemos na escola que foi nesse momento que a história e a civilização começaram na África do Sul. Cumpria-se o tricentenário dessa data e o partido nacionalista, que tinha ganho as eleições em 1948, celebrava os 300 anos de dominação branca na África do Sul. Foram eles que cunharam o termo *apartheid*, que introduziram a palavra *apartheid* na língua inglesa e, na ocasião, rejubilavam. Os aviões voavam por cima das nossas cabeças, os carros blindados seguiam pelas ruas, as escolas estavam fechadas — trata-se de um feriado — e nós ali estávamos — 200 pessoas — nessa pequena sala, a cantar. Nesses tempos de opressão e resistência, as canções podem ser muito tristes:

Mayibuye, IAfrika
[cantando tristemente]
Volta África
Senzenina
[cantando tristemente]
O que fizemos para merecer isto?

E repentinamente,
[cantando de forma desafiadora]

Voluntários obedeçam às ordens
Estejam prontos para a acção agora!
Dr. Moroka, Dr. Dadoo, J. B. Marks, Kotane le Bopape,
Voluntários obedeçam às ordens...

A Campanha de Desafio contra as Leis Injustas estava a começar. Éramos apenas 200, naquela sala do município, com os aviões a voar lá no alto, os carros blindados em parada nas ruas e o nosso pequeno grupo anunciava que iria desafiar as leis injustas.

As leis injustas eram as leis que obrigavam os negros a trazer consigo um documento — um passe — que lhes podia ser solicitado pela polícia a qualquer momento do dia ou da noite, na sua casa, na rua, no trabalho; as leis que diziam que os negros não podiam deslocar-se de um ponto do país para outro sem a permissão das autoridades brancas; as leis que diziam que os autocarros eram apenas para brancos, até as pontes pedonais eram para brancos, apenas — tal como as praias, os cinemas; as leis que diziam que a partir de certa hora da noite não se podia estar na rua sem uma autorização, depois de ter soado a sirene. Seis destas leis estavam prestes a ser quebradas e procuravam-se voluntários para o efeito. E eu disse ao meu amigo que me tinha trazido até ali — chamava-se Wolfie Kodesh:

— [num sussurro muito baixo] «Wolfie, eu quero ser voluntário» — *Voluntários obedeçam às ordens!* — «Eu quero ser voluntário.»

Ele diz: «Não podes.»

Eu digo: «Porquê?»

Ele diz: «Porque és branco.»

E eu digo: «Mas estamos a combater o racismo.»

Ele responde: «Não, é uma luta de negros, liderada por negros. Mas vou mencioná-lo às chefias.»

E, então, seis meses volvidos, depois de ter realizado os meus exames do segundo ano — que correram muito bem —, no final do ano, com as férias do Verão a começar, acabei a dirigir um pequeno grupo, com quatro pessoas no total, brancos, prestes a sentarem-se em bancos marcados com a inscrição «apenas para não-brancos».

Ora, qual é a relação disto com a globalização e a universalização?

E o que é que isto tem que ver com a única coisa boa a que o *apartheid* deu origem?

O voluntário número 8942, ou qualquer coisa assim, era Albie Sachs. O voluntário número 1 era Nelson Mandela, um advogado pouco conhecido, prestes a abdicar do parco rendimento que conseguia obter em virtude de ser um advogado qualificado. Não podia votar, não podia estar na rua depois de escurecer, não podia viajar sentado num autocarro, mas podia ganhar algum dinheiro como advogado; e agora até isso sacrificaria, em prol da liberdade do seu povo na África do Sul.

Ora, a única coisa boa que o *aparthheid* criou, então, foi... o anti-*apartheid*! Permitiu ao Albie Sachs — que cresceu numa família judaica secular na Cidade do Cabo, de orientação socialista e internacionalista, muito urbano — conhecer Nelson Mandela, que tinha crescido na parte rural e tradicional do Cabo Oriental. Nunca nos teríamos conhecido de outra forma, e, na verdade, não só nos conhecemos, como ficámos intimamente ligados. E o tema da minha apresentação é como é que a globalização produz o seu oposto: o universalismo. Discutirei a oposição extraordinariamente intensa entre os dois conceitos, bem como a estranha interpenetração e a complementaridade que mantêm entre si.

A globalização começa com a dominação numa parte do mundo que depois alarga a sua hegemonia ao resto do mundo — porventura usurpando e explorando o resto do mundo, mas impondo os seus valores, a sua tecnologia, as suas formas de ver as coisas sobre o resto do mundo. A sua essência é o domínio e o controlo. No seu âmago encontra-se uma política dirigista, exercida de cima para baixo, embora recorra a formas brandas de penetração para alcançar a hegemonia.

O universalismo, por seu turno, está relacionado com a universalidade das experiências humanas em diferentes partes do mundo. Estas experiências ubíquas são destiladas de maneira a encontrar nelas e a extrair delas certas coisas que caracterizam o significado de se ser humano. É afirmativo, está enraizado nas experiências concretas de pessoas concretas expressando-se tal e qual são e tal como entendem fazê-lo.

E o paradoxo é que a globalização e o universalismo, os opostos dialécticos, se vêem envolvidos num abraço apertado do qual não conseguem escapar. Vivemos num mundo em que estes dois inimigos se enfrentam olhos nos olhos. Odeiam-se, amam-se, tentam destruir-se um ao outro, procuram ignorar-se um ao outro e nós, nesta conferência, somos apanhados no meio deste abraço cheio de amor próprio e ódio de si mesmo.

Reparem nas contradições inerentes a este encontro, aqui em Lisboa. Basicamente, quando existe uma conferência sobre a globalização é para denunciar a globalização. No entanto, apanhamos aviões para atravessar o globo, falamos em inglês, a língua global, usamos equipamento electrónico globalizado para comunicar com o mundo inteiro. Estamos aprisionados no interior do sistema que procuramos denunciar. E de nada serve esbracejarmos, em protesto, contra a globalização. Temos de reconhecer as tensões, aprender a geri-las e viver tão livremente quanto pudermos no seio dessas tensões. Só se compreendermos estas contradições fundamentais é que podemos geri-las de forma razoável e emancipatória, animados por noções universalistas que tanto prezamos. [E deixem-me acrescentar de passagem que uma das noções universalistas mais largamente aceites é o princípio do pluralismo, o direito de ser diferente!]

Volto a referir a Campanha de Desafio contra as Leis Injustas para ilustrar o que quero dizer com a ideia da relação dialéctica entre globalização e universalismo. Os brancos chegaram à África do Sul oriundos da Holanda, primeiro, e depois de Inglaterra — um caso extremo de globalização —, acreditando que traziam consigo a civilização e o Iluminismo. Conquistaram, usurparam, dominaram e subjugaram os povos e as populações indígenas através da escravatura, a que se seguiram leis e práticas ostensivamente racistas. Forçam, então, esses povos a munirem-se de documentos para viver, para circular e para trabalhar no país em que nasceram; compelem-nos a trabalhar como mão-de-obra barata, destroem famílias, confiscam as terras, mas dizem que tudo faz parte de uma missão civilizadora. Que estão a ensinar aos nativos a dignidade do trabalho!

E depois emerge o paradoxo. Por toda a área da sua conquista, a partilha do sofrimento que impuseram produz formas partilhadas de resistência. Uma resistência comum dá corpo a um determinado grau de solidariedade humana que denega e transcende as divisões raciais, as ideias racistas explicitamente propostas como parte integrante do projecto de globalização. Reivindica-se a humanidade, mas, a humanidade por que agora se reclama não radica na ideia de um regresso à pré-dominação, a uma configuração anterior à globalização, mas da extracção, da absorção, da transformação dos gládios da opressão em enxadas do progresso humano; a negatividade transforma-se em positividade.

Os defensores da liberdade utilizariam a língua inglesa, fariam uso extensivo da Bíblia trazida da Europa, tocariam pianos, saxofones e guitarras eléctricas originalmente introduzidas pelos opressores, mas virá-los-iam do avesso, transformando-as em instrumentos de liberdade e libertação.

E, na nossa luta contra a dominação de tipo colonial, iríamos encontrar inspiração nas lutas de todo o mundo, especialmente nas que ocorriam em África e na Ásia. A Campanha de Desafio contra as Leis

Injustas foi ela própria inspirada pelo movimento de resistência passiva desenvolvido por Gandhi na África do Sul. A história de Gandhi capta bem estas contradições.

Deixem-me voltar um pouco atrás. A Grã-Bretanha, que fora em tempos líder mundial no tráfico de escravos, tinha decidido abolir a escravatura. Pensem bem nisto. Foi este tráfico globalizado de escravos dominado pela Grã-Bretanha que produziu o movimento abolicionista, de cariz universalista, centralizado na Grã-Bretanha. Pessoas de diversos países em todo o mundo juntavam-se agora numa luta comum contra a ideia de que se podia tratar os seres humanos como se fossem bens. Uma nova ideia universalista foi então proclamada: a ideia de que ninguém nasceu para ser escravo, para ser comprado e vendido como uma coisa e que todas as pessoas tinham o direito a ser tratadas com dignidade.

A mesma Grã-Bretanha que tinha, à época, financiado a revolução industrial através da apreensão e venda de pessoas por todo o mundo tentou, então, impor globalmente o seu novo desígnio abolicionista sobre as nações que ainda praticavam o tráfico de escravos, em nome do combate ao mal universal de que fora o principal praticante. De origem popular, movido pela fé e de base comunitária, esse fervor moral contra a criação de um mercado global de seres humanos tinha agora sido assumido e tornado hegemónico pelo Estado britânico.

Entre outras consequências, e em resultado disto, os Britânicos embarcaram da Índia dezenas de milhares de trabalhadores forçados para trabalhar nas novas plantações de açúcar dos colonos brancos na África do Sul, em vez de enviar pessoas escravizadas noutros lugares de África. Então, quando uma pequena classe de comerciantes indianos em Durban contratou M. K. Gandhi para vir como advogado resolver um conflito legal, novas manifestações da interpenetração entre globalização e universalização começaram a emergir. Gandhi chega na qualidade de advogado, profundamente imerso na cultura, nas tradições e na espiritualidade indianas. Ao mesmo tempo recebera lições de dança e aulas de francês com vista a aperfeiçoar a sua formação, enquanto advogado, em Londres, no coração do sistema britânico da *common law* que protegia a propriedade dos ingleses, os seus costumes e o seu estilo de vida por todo o Império Britânico. À data dizia-se com orgulho que o Sol nunca se punha no Império Britânico — uma divisa que um militante nacionalista indiano, antecipando o mote desta palestra, corrigira, indignado, de maneira a passar a ler-se: «o Sol nunca se põe e o sangue nunca morre no Império Britânico».

A experiência de Gandhi, tratado como um cidadão de segunda classe na África do Sul, é bem conhecida: chegou como um advogado, com um bom fato e uma camisa de colarinhos quebrados e partiu como o ascético Mahatma que envergava um *dohti*.[2] O que é menos apreciado é a história de como a sua consciência evoluiu nos vinte anos de luta na África do Sul, de como transformou a tentativa original de eximir a comunidade indiana à discriminação particularmente dura a que os indígenas africanos estavam sujeitos na assunção de uma noção mais universalista de opressão.

Vou dar um exemplo, não muito conhecido, de como a sua consciência universalista se expressou nos últimos tempos. Durante a Conferência das Nações Unidas sobre o Ambiente que teve lugar em Joanesburgo, em 2002, pedi a um amigo, Indres Naidoo, para se juntar a um grupo de juízes de visita ao local da prisão de Old Fort, onde estávamos agora a erguer o novo edifício do Tribunal Constitucional. Convidara Indres, um antigo prisioneiro que tinha estado detido com Nelson Mandela em Robben Island, porque sabia que o seu avô tinha estado preso com Gandhi durante a Campanha de Resistência Passiva no início do século XX. Indres contou-nos a seguinte história: pouco depois de os prisioneiros terem chegado à prisão, os responsáveis ordenaram-lhes que usassem os barretes que os africanos negros eram obrigados a usar. O seu avô tinha-se oposto com veemência dizendo: «querem tratar-nos como prisioneiros negros, fazerem-nos usar barretes como crianças». E Gandhi respondera: «Não. Se querem perceber como vivem os mais humildes de entre nós, devem viver as experiências que eles vivem. Vamos usar esses barretes e vamos usá-los com orgulho.» Daí em diante, os prisioneiros indianos passaram a usar esses barretes com orgulho. Mais tarde, no decurso desse ano, quando Gandhi regressou à Índia, levou o barrete da prisão consigo, tornando-se o famoso barrete com que o imaginamos, símbolo do movimento de resistência indiana. Para mim trata-se de um maravilhoso exemplo da interpenetração entre a globalização imposta de

---

[2] Uma peça única de algodão caseiro usada por trabalhadores indianos pobres.

cima para baixo, por um lado, e, por outro, a resistência anti-hegemónica que ela suscita entre a comunidade.

O que me leva a perguntar o seguinte: como caracterizar a Declaração Universal dos Direitos do Homem (DUDH) no contexto do debate sobre a globalização? Na África do Sul não tivemos problemas em exaltá-la como um ponto de referência universal para todos os que lutam contra o imperialismo, o colonialismo e a dominação racial. Há umas décadas, porém, muitos líderes na Ásia e em África denunciavam a DUDH por encarnar noções ocidentais que estavam a ser impostas aos seus países. E eu vi-me obrigado a pensar: «O que é que se passa aqui?» Os seus argumentos assentavam na defesa do que chamavam valores asiáticos, valores africanos. Diziam «Os valores asiáticos são diferentes. Nós acreditamos na família, na unidade colectiva, onde as decisões são tomadas de forma diferente da que é habitual no Ocidente. Parem de nos tentar impor o que vocês chamam de democracia ou de direitos humanos.» Todavia, as pessoas que proclamavam estas ideias eram os autocratas locais, muitos deles militares. Comportavam-se como ditadores, asiáticos, no caso, que prendiam asiáticos. Recorriam ao assassinato, à tortura, encerravam jornais, destruíam as organizações políticas da oposição. E denunciavam veementemente a DUDH como uma tentativa do Ocidente para alcançar a dominação global.

E, no entanto, para mim, o que estava a acontecer era exactamente o oposto. As pessoas nesses países — fosse na Malásia, em Singapura, na Coreia do Sul, ou noutros — estavam a lutar para se expressarem, para derrubar a autocracia, o poder militar, a corrupção, o estado de violência endémico. A tortura era a tortura, onde quer que fosse praticada. E os defensores dos valores asiáticos ficavam por demais satisfeitos por receberem armas e treino militar do Ocidente e por permitirem que as nações ocidentais instalassem as suas bases militares no seu território.

A mesma rejeição cínica da DUDH ocorria em África. Também em África havia resistência à Declaração Universal dos Direitos Humanos. As pessoas diziam: «Em África acreditamos na ideia do governo por consenso. Por isso, no local de trabalho, não temos qualquer divisão entre empregadores e empregados; os sindicatos assentam em princípios não-africanos que criam a divisão entre irmãos, tudo isso leva ao conflito, e, se certos agitadores violam a lei que promove a busca por consenso nos locais de trabalho, não hesitaremos em restringir as suas actividades e em metê-los na cadeia. Da mesma maneira, na cultura africana respeitamos os nossos líderes e aqueles que detêm a autoridade. Se os criticam e insultam, estão a insultar toda a comunidade que é por eles representada. Por isso não temos partidos da oposição, uma ideia ocidental estranha à nossa cultura.» Na realidade, contudo, eram justamente as pessoas desses países que estavam a tentar conquistar os seus direitos sociais, económicos, e políticos, a sua liberdade de expressão, que estavam a ser enviadas para a prisão. No Quénia, toda uma geração de intelectuais patriotas que procurou promover formas de expressão verdadeiramente africanas através da literatura e do teatro, usando idiomas africanos, estava a ser presa por defender valores africanos. Vendo negados os seus direitos políticos, recorriam à sua arte, bem como a algumas actividades clandestinas, para desafiar o presidente durante a vigência do Partido Único.

E depois eu pensei: «Em que contexto é que a DUDH foi adoptada?» O seu objectivo não residia no alargamento das prerrogativas do poder e dos mecanismos de controlo, mas na concessão de direitos para todos os homens e mulheres. Não fora criada enquanto expressão da globalização, mas como uma resposta à forma mais extrema, mais gritante, mais ignóbil de globalização a que o mundo alguma vez assistira: a agressão nazi, fascista, na Europa e em África, juntamente com a conquista imperialista do Japão na Ásia. A agressão tivera como objectivo a dominação global, através da força. E o seu impacto teve um alcance global, na medida em que quase toda a humanidade esteve envolvida. A América Latina enviou tropas para a luta. A América do Norte enviou tropas para a luta. A África do Norte e a Etiópia foram colonizadas. Quase toda a Ásia esteve envolvida. E a resposta que se seguiu a estas atrocidades terríveis, à violência que foi usada, ao genocídio, aos campos de concentração, ao trabalho forçado, consistiu em encontrar uma noção de Direitos Humanos Universais que abrangesse todas as pessoas no planeta. E não se tratava simplesmente do produto do pensamento de pessoas como Churchill e Roosevelt — ambos estavam já fora do palco nessa fase. A Índia e a China já faziam parte das Nações Unidas. Tal como o Egipto, a Etiópia e a Libéria. Os países da América Latina constituíam um grande bloco na Assembleia Geral e prestaram uma colaboração notável na redacção do texto. Foram incorporados contributos de pessoas que lutaram nos movimentos de resistência em territórios ocupados.

O documento representava, portanto, a derrota de noções ostensivas de racismo. Surgiu pouco depois dos Julgamentos de Nuremberga e de Tóquio que declararam as guerras de agressão e os actos de genocídio como crimes puníveis ao abrigo do Direito Internacional. Coincidiu com a renúncia a formas extremas e exageradas de exercício da soberania, de acordo com as quais se aceitava que os Estados podiam fazer o que bem quisessem ao seu próprio povo, no interior das suas fronteiras. Também se repudiou a noção de que guerra não era criminosa em si mesma e de que a única forma de alguém proteger o seu país de uma agressão era aderir a uma aliança poderosa. E, assim, representantes de sensibilidades humanas das mais diversas partes do globo, com todos os continentes representados, chegaram a esta concepção de Declaração Universal dos Direitos Humanos. Penso que é uma das razões pelas quais o texto resistiu tão bem nas últimas sete décadas.

Para nós, que lutávamos pela liberdade na África do Sul, não havia nada de problemático com a DUDH. Pelo contrário, víamo-la como um recurso da maior importância na nossa luta e confiávamos plenamente no seu espírito e no seu texto. Para começar, representava de forma muito directa as nossas aspirações. Lembro-me de ser convidado pelo ANC para comentá-la por ocasião do seu vigésimo aniversário, em 1968. Examinei o documento, cláusula a cláusula, e fui capaz de encontrar leis do *apartheid* que violavam de forma notória cada uma delas, excepto uma: por mais que me tenha esforçado, não consegui encontrar na África do Sul uma lei que infringisse expressamente o direito individual aos frutos do trabalho intelectual! Mas, para nós, o valor da DUDH ia bem para além do facto de ser abrangente. O seu elemento crucial era o seu carácter universal.

Na África do Sul sob o *apartheid* eram os brancos que invocavam o excepcionalismo. Diziam que os africanos não queriam ser governados pelos princípios ocidentais da DUDH. Em vez disso, diziam, os nativos queriam ser governados pelas autoridades tradicionais de acordo com os seus conceitos e costumes; a democracia era adequada para os países da Europa e da América do Norte e para os brancos na África do Sul, mas não para África. Se tinha demorado mil anos a construir a democracia na Europa, acrescentavam, como se podia esperar que os negros em África a compreendessem e usassem de forma adequada? Eu não podia deixar de sentir a terrível ironia destas propostas. Durante a minha vida os brancos haviam matado brancos na Europa com uma selvajaria e precisão científica que o mundo até então nunca vira. Duas guerras mundiais haviam sido travadas sobretudo em solo europeu. O contacto dos brancos com África fora calamitoso para os sistemas políticos africanos, primeiro através da escravatura, depois através do colonialismo e finalmente por intermédio da Guerra Fria. O *apartheid*, em si mesmo, viria a ser declarado pelas Nações Unidas como um crime contra a humanidade. Felizmente, a ironia que residia em ver os brancos na África do Sul a clamar por excepcionalismo, contra o universalismo, não se restringiria às suas exigências. Foi o povo africano oprimido, juntando-se entre si e exigindo a aplicação dos princípios universais da Declaração na África do Sul, morrendo ou indo para a prisão por fazê-lo, que triunfou. Para nós, que estávamos envolvidos na luta, a libertação nacional para a maioria africana no nosso país adviria precisamente da garantia de que todos os direitos fundamentais previstos na DUDH se tornariam acessíveis a toda a nação, sem distinções. Nesse sentido, a confiança que depositámos nestes valores universais era extremamente afirmativa e conducente à obtenção de uma verdadeira soberania para todo o povo. Significou a conquista da nossa independência, do nosso lugar no mundo, da nossa existência como seres humanos dignos, no nosso próprio país. E, assim, os mais importantes proponentes do universalismo foram os negros, como Nelson e Winnie Mandela, Oliver e Adelaide Tambo, e ainda Ahmed Kathrada, de origem indiana, entre milhões de outros. Devo acrescentar que, para alguém como eu a quem ensinaram na escola que os brancos tinham introduzido a civilização na Africa bárbara, foi com particular alegria que pude ver como, em última análise, a humanidade acabou por reconhecer que não foram os colonos, mas Nelson Mandela, um filho da nossa terra que se ergueu pelas liberdades universais, o epítome do ser humano civilizado.

Daí por diante, e depois de os princípios do universalismo terem sido aceites e terem permitido aos membros oprimidos da maioria negra afirmarem-se enquanto cidadãos de pleno direito — então, todos nós no nosso país diverso tornámo-nos livres para expressar as nossas línguas, a nossa cultura, as nossas maneiras de fazer as coisas, a nossa aptidão para cantar, para nos movimentarmos, para dançar — e fazê-lo de forma muito, muito afirmativa. A transformação relativamente pouco sangrenta do nosso país, de uma autocracia racista para uma democracia não racista e não sexista tem sido largamente aplaudida, tal como o tem sido a Comissão Verdade e Reconciliação e a nossa avançada Constituição. A aceitação dos valores consagrados na DUDH foi central nestas conquistas.

Ao mesmo tempo, devemos reconhecer que existem enormes problemas relacionados com a desigualdade, o desemprego e a corrupção no nosso país. A descolonização da nossa economia e das nossas instituições de ensino é um problema candente e acesamente debatido. A nossa experiência, todavia, tem-nos mostrado que a democracia tem sido o suporte (e não um entrave) para encontrar soluções que promovam uma transformação mais profunda e uma maior inclusão.

Um quarto de século de democracia em África refutou completamente a noção racista de que a democracia não se coaduna com o continente — que a cultura e a tradição africanas, a mentalidade africana se opõem à democracia. Faço esta afirmação com particular confiança, agora, um dia depois de o nosso presidente ter resignado: ontem, 15 de Fevereiro de 2018, o presidente da África do Sul, Jacob Zuma, anunciou na televisão que renunciou ao seu cargo com efeitos imediatos. Os órgãos de informação noticiaram que o fez porque sabia que uma moção de censura à sua liderança teria sucesso esta manhã na Assembleia Nacional do Parlamento. Por isso, e de forma voluntária, deixou o caminho livre ao sucessor, mais de um ano antes de o seu mandato terminar, não porque houvesse tanques nas ruas ou porque um milhão de pessoas tivesse vindo para as ruas contestá-lo, mas em função das prerrogativas da nossa Constituição democrática. A nossa Constituição funciona, antes de mais, porque se baseia em princípios que surgiram da experiência universal; e, depois, porque os encontra, porque os adapta e porque os enraíza na nossa cultura, no espírito de Ubuntu. Trata-se de uma noção que está profundamente enraizada na sociedade africana. Assenta numa crença acerca da interdependência entre os humanos: eu sou uma pessoa porque tu és uma pessoa. Não somos átomos que colidem uns com os outros, lutando pelo seu espaço, pelo direito a sermos deixados em paz. Somos seres humanos interdependentes e a minha humanidade aumenta por reconhecer a tua humanidade, tal como a tua se alarga por reconheceres a minha. O Ubuntu constitui a própria estrutura, a natureza, o tecido da nossa ordem constitucional. Temos assim, por um lado, moções de censura no Parlamento, processos muito formais, temos eleições que têm sido livres, justas e relevantes, temos um poder judicial independente e forte, temos liberdade de expressão e órgãos robustos da sociedade civil, temos direitos sociais e económicos na nossa Constituição, temos todo um conjunto de coisas, todas em absoluta consonância com valores universalmente aceites; e temos, por outro lado, o Ubuntu, que, de maneira invisível mas de forma vigorosa os entrelaça a todos.

Conclusão

O objectivo principal da minha provocação consistiu em mostrar como a globalização hegemónica imposta de cima para baixo deu origem ao seu oposto, o universalismo de iniciativa popular. Podemos, portanto, perguntar-nos se aceitar esta ideia implica assumir que só a crueldade e a opressão fazem emergir e desenvolver as ideias benignas, como seu antídoto. Seria bastante triste se assim fosse. E, olhando para trás, pensei: bem, tem havido uma outra maneira, a que chamo a maneira de Marco Polo. Marco Polo não foi para a China com uma fragata e um grupo de comandos. Não sei exactamente como viajou, mas sei que partiu como emissário da Europa. Ele tinha curiosidade, foi bem recebido e voltou com histórias extraordinárias acerca do que tinha visto — aparentemente, algumas um bocadinho exageradas. E, além disso, voltou com a imprensa escrita, o que, no que à Europa diz respeito, se tratou certamente de uma importação com mais efeitos positivos do que negativos. Também trouxe a pólvora, que acabou por derrubar os muros à volta das cidadelas do poder feudal, na Europa, e facilitou o surgimento do Iluminismo — com um custo terrível, todavia: o aumento da capacidade de guerra na Europa e a possibilidade de as nações europeias conquistarem várias porções do mundo. Também trouxe consigo a bússola, que permitiu às pessoas viajar por todo o mundo e descobrir que era redondo, o que estaria muito bem se não tivessem levado a pólvora com elas. Menos conhecido é o facto de Marco Polo também ter trazido consigo o *spaghetti* e o gelado. Ora, se pudéssemos manter relações entre os povos, culturas e civilizações assentes, sobretudo, no princípio do *spaghetti* e do gelado, acredito que a tensão entre universalização e globalização seria muito menor do que é actualmente.

Até lá, porém, temos de viver com as contradições e tentar geri-las tão bem quanto possível. E, entretanto, deixem-me que vos diga que foi maravilhoso poder estar associado ao espírito e aos objectivos destas conversas, hoje, e sentir que não estamos apenas a denunciar a globalização, mas que estamos também a procurar encontrar maneiras de expressar solidariedade e conexões que tenham um sentido profundo. E que se estamos a usar alguns dos mecanismos da globalização para denunciar a globalização, pois que saboreemos os nossos gelados e a nossa *pasta* enquanto o fazemos.

CAPÍTULO 2

O PODER TRANSFORMADOR DOS DIREITOS ECONÓMICOS, SOCIAIS E CULTURAIS NA GUERRA E NA PAZ[1]

Virgínia Brás Gomes

Muito obrigado à Universidade Nova pela oportunidade de estar neste painel sobre Direitos Humanos com pessoas que muito admiro pela incansável dedicação à causa dos Direitos Humanos e da dignidade humana.

Não obstante a indivisibilidade e interdependência dos direitos humanos, hoje centrar-me-ei nos direitos económicos, sociais e culturais, e nas razões que tornam o seu exercício fundamental para uma paz sustentável num mundo globalizado. Tomo a ideia de paz sustentável no sentido mais amplo e holístico, e não apenas como um período de ausência de conflito.

O meu ponto de partida é o Pacto Internacional dos Direitos Económicos, Sociais e Culturais (PIDESC), e como o seu não-cumprimento, por parte dos Estados obrigados a garantir os direitos consagrados neste pacto, se reflete em situações de pré-conflito, conflito e pós-conflito, nomeadamente em termos do processo de justiça transitória.

---

[1] Este capítulo corresponde à comunicação apresentada pela autora no Colóquio «O que Sabemos sobre a Globalização?», organizado pelo programa de doutoramento em Estudos sobre a Globalização, no dia 16 de fevereiro de 2018, na NOVA FCSH. [N. da O.]

[Este capítulo segue o Acordo Ortográfico de 1990.]

O que observamos é que as ameaças recorrentes à paz ocorrem quando o direito a um nível de vida condigno é posto em causa. Mais precisamente, quando o direito de acesso, propriedade e uso da terra é negado, o que se repercute noutros direitos associados, como o acesso a comida, água e saneamento, habitação e meios de subsistência — e também, mais importante ainda, no direito a uma identidade.

Em muitas partes do mundo, o direito à alimentação (do próprio e da sua família) é indissociável da terra e da produção agrícola. Mas as tendências globais de desenvolvimento parecem contrariar este entendimento. De facto, muitos pequenos agricultores têm perdido terra agrícola fértil, que começou por não ser usada para fins industriais, mas que sob o pretexto de desenvolvimento e investimento económico é usada para o estabelecimento de Zonas Económicas Especiais, para a produção de biocombustíveis e agricultura de larga escala — para não falar das políticas comerciais injustas e da sempre crescente ameaça das mudanças climáticas e da degradação ambiental.

Subjacentes a estes fatores negativos existem padrões de discriminação, evidentes ou socialmente enraizados, que contribuem consideravelmente para subcorrentes de tensão e hostilidade, colocando as mulheres e os grupos tradicionalmente discriminados numa situação ainda mais desigual em termos do acesso à posse, ao uso e ao controlo de terra e à propriedade, bem assim como aos recursos necessários para o fazer.

No que diz respeito ao vínculo entre terra e habitação, muitas famílias permanecem ao longo de gerações sem posse formal ou título de registo das suas casas e terras, o que tem levado a casos de confisco arbitrário de propriedades, sem direito a uma solução adequada, restituição da propriedade ou compensação.

Todas estas violações dos direitos humanos são conhecidas e estão bem documentadas.

No entanto, as autoridades públicas continuam a «fechar os olhos» (no melhor dos cenários) a violações dos direitos humanos que afetam grupos específicos, quando são elas mesmas que estão envolvidas nessas práticas. Permitam-me que dê alguns exemplos.

Um exemplo é o despejo forçado em nome de megaprojetos de desenvolvimento e infraestruturas, como a construção de barragens e outros projetos energéticos de larga escala, realizados ao arrepio do direito à terra. Outro são as medidas de aquisição de terras no âmbito de projetos de reabilitação urbana, programas de embelezamento das cidades e grandes eventos desportivos, e que decorrem da ameaça da declaração de utilidade pública ou da passagem de legislação obrigando à venda. Na maior parte dos casos, a deslocação de indivíduos, famílias e/ou comunidades das casas e/ou terras que ocupam — de forma permanente ou temporária e contra a sua vontade — é realizada sem que se garantam formas apropriadas de proteção legal ou outras. A experiência tem mostrado repetidamente que esse é um terreno fértil para o conflito. Proteção processual adequada e acesso a um processo equitativo, incluindo verdadeiras oportunidades de consulta e medidas justas de reparação e compensação, dentro de um período razoável, são essenciais nos casos de despejo e deslocação forçados.

Um assunto que tem recebido crescente atenção são as obrigações do Estado em relação ao setor empresarial. Como é que os Estados interpretam e cumprem a sua obrigação de proteger indivíduos, famílias e grupos contra as violações de atores não-estatais? Como lidam eles com os efeitos de longo alcance, que resultam das atividades de empresas corporativas, no pleno exercício dos direitos económicos, sociais e culturais, no país de origem e no exterior?

As evidências de que os Estados não estão a cumprir o dever de proteger contra violações de terceiros são muitas — veja-se o caso das indústrias extrativas, dos projetos de apropriação de terras e de desenvolvimento de larga escala realizados sem verdadeira consulta, não protegendo o direito à terra, os recursos naturais e os meios de subsistência de grupos indígenas e comunidades locais, e sem que existam mecanismos de reclamação eficazes que sejam baratos e acessíveis.

Mais perturbador ainda é o facto de as autoridades públicas fecharem frequentemente os olhos a atos de intimidação, assédio e homicídio de ativistas ambientais e do direito à terra, com os criminosos a saírem impunes. Há tantos casos conhecidos de mortes de defensores de direitos humanos, como Berta Cáceres, ativista ambiental hondurenha, líder indígena do seu povo, que se opôs a um projeto de barragem num rio sagrado para o povo indígena Lenca e que foi morta em março de 2016.

Os conflitos podem ocorrer, e ocorrem de facto, em países com níveis distintos de desenvolvimento, diferentes sistemas políticos e de governação, e demografias variadas. Claramente, não existe um modelo de «tamanho único» que nos permita prever, com certeza, onde e quando a inquietação e o conflito irão irromper na ausência de medidas preventivas. No entanto, há alguns elementos essenciais, nomeadamente no que diz respeito aos direitos económicos, sociais e culturais, que podem funcionar como parte de um sistema de alerta precoce.

A discriminação ativa e/ou a estigmatização de um grupo ou grupos específicos está entre esses elementos essenciais. Mas a discriminação não se refere apenas à supressão das liberdades de certos grupos, por mais perigoso que isso possa ser. Se certas dimensões de acessibilidade, disponibilidade, aceitabilidade ou qualidade dos bens e serviços, indispensáveis para a realização de direitos económicos, sociais e culturais, não forem disponibilizadas em igualdade de condições para todos, o resultado pode ser igualmente, ou até mais, perigoso. Temos o exemplo de vários países durante a Primavera Árabe, em que o conflito estava profundamente relacionado com violações de direitos económicos, sociais e culturais.

Outros requisitos para o exercício pleno dos direitos humanos, como o nível de inclusão política nas sociedades, de responsabilização de atores estatais e não-estatais, ou de acesso à justiça, são particularmente importantes para garantir o bem-estar individual e a paz coletiva.

Existem muitos indícios de que a negação da violação de direitos económicos, sociais e culturais decorre da distribuição desigual do poder, da discriminação e da desigualdade, aspetos que por isso mesmo precisam de ser abordados antes que resultem em conflito.[2] Na verdade, estes podem mesmo servir de bandeiras vermelhas, alertando os Estados e outros atores para o aumento das tensões e do conflito. De facto, temos cada vez mais evidências de que as violações de direitos económicos, sociais e culturais são causas, consequências e muitas vezes até mesmo indicadores de agitação social e conflito.

Até agora considerei paz no seu sentido estrito e tradicional enquanto período livre de perturbações públicas ou conflito. Mas há um conceito de paz mais holístico que se caracteriza pela justiça social, respeito pela

[2] *Early warning and economic, social and cultural rights*, Office of the High Commissioner, UN Human Rights report pursuant to General Assembly Resolution 48/141.

lei, boa vontade, inclusão e reconciliação de interesses de diferentes grupos, na linha de um contrato social abrangente.

Um contrato, primeiramente, durante o período de justiça transitória, quando uma sociedade passa de uma situação de conflito, inquietação e opressão, para um espaço de não conflito assente num Estado de direito e nos direitos humanos. É o momento de reconstrução social, económica e emocional, e de construção da paz, que se faz perseguindo um conjunto de metas e implementando medidas legais e políticas para alcançá-las. A análise global dos diferentes processos de conflito e paz aponta para causas de fundo — como a desigualdade de género, o militarismo, a violência ou a economia política da guerra — que estão tão interligadas quanto enraizadas no sistema internacional.

A resolução de conflitos tem sido ditada por uma narrativa binária que reúne as fações em guerra, principalmente homens, apesar de as evidências sugerirem que a presença ativa de mulheres durante o processo de construção da paz — conforme exigido pela Resolução 1325, do Conselho de Segurança da ONU sobre Mulheres, Paz e Segurança, e suas resoluções posteriores — é um poderoso fator na sua manutenção. Nos estados pós-conflito, a justiça transitória é frequentemente prejudicada pelas forças do mercado livre combinadas com a austeridade, situação particularmente nociva quando e onde o apoio da comunidade internacional é crucial.[3]

Por vezes acontece que os direitos civis e políticos são incluídos nos acordos de paz, sem que haja praticamente menção aos direitos económicos, sociais e culturais, provavelmente porque estes continuam a ser secundarizados em relação aos direitos e liberdades fundamentais, estando a sua garantia dependente de políticas baseadas exclusivamente na disponibilidade de recursos, e, portanto, sujeitos ao desenvolvimento económico futuro e à aprovação das instituições financeiras internacionais e dos países doadores. Uma vez que em muitos países doadores os direitos económicos, sociais e culturais são considerados políticas públicas, ou, no melhor dos casos, benefícios, e raramente direitos que implicam obrigações de Estado, é fácil compreender por que estão ausentes dos acordos de paz.

[3] Rees e Chinkin (2016).

Permitam-me que reitere que a inclusão dos direitos económicos, sociais e culturais em qualquer nova constituição pós-conflito é fundamental para que estes sejam efetivos e juridicamente vinculativos durante os esforços de construção da paz. Felizmente, no sentido de contrariar a divisão artificial entre os direitos humanos de primeira classe, que garantem as liberdades, e os direitos humanos de segunda classe, acima de tudo aspiracionais, existe jurisprudência de muitos tribunais constitucionais — por exemplo, do Tribunal Constitucional da África do Sul, para o qual Albie Sachs contribuiu muitíssimo —, que sustenta que os direitos humanos são universais, indivisíveis e interdependentes, e, portanto, juridicamente vinculativos. Esperemos que o Protocolo Facultativo ao Pacto Internacional sobre Direitos Económicos, Sociais e Culturais, com base nas decisões sobre os mecanismos de reclamação nacionais e regionais, forneça mais jurisprudência.

Resumindo, sem uma capacitação que resulte da igualdade de acesso e pleno exercício dos direitos económicos, sociais e culturais, não poderemos ter uma justiça social ou transitória significativa. Os direitos económicos, sociais e culturais são essenciais se o objetivo é transformar a justiça transitória em justiça transformativa e, portanto, justiça duradoura.

Mais perto de nós, a compreensão da paz como contrato social abrangente está a ser negativamente afetada por um fenómeno contemporâneo que pode (e já começou a) desencadear tensões que levam à inquietação social, alienação e privação de direitos. Trata-se de toda a problemática relacionada com a austeridade e o ajustamento fiscal.

Em 1998, o Comité de Direitos Económicos, Sociais e Culturais da ONU, na sua Declaração sobre Globalização e Direitos Económicos, Sociais e Culturais, já tinha alertado para o perigo de, com a globalização, haver uma desclassificação do lugar central dos direitos humanos, conferido pela Carta Internacional dos Direitos Humanos, caso as tendências, políticas e efeitos da mesma não fossem complementados por políticas adicionais apropriadas. Acrescentava ainda que a competitividade, a eficiência e o racionalismo económico não podem ser critérios exclusivos ou principais na avaliação das políticas governamentais e intergovernamentais.

Vinte anos depois, face ao cenário de globalização, cresceram as desigualdades sociais e económicas, e novos grupos de risco, com pouco ou nenhum acesso a recursos, bens e serviços indispensáveis ao exercício dos direitos económicos e sociais, enfrentam a exclusão social.

Se por um lado as crises globais mais recentes agravaram essas necessidades e deficiências naqueles que eram tradicionalmente os grupos mais pobres e desfavorecidos, por outro fizeram emergir novos grupos sociais vulneráveis à pobreza e à exclusão social e económica.

Como a nossa moderadora [de painel] sublinhou, a globalização abriu espaço para uma nova procura do universalismo e da liberdade de movimento de indivíduos, bens e ideias. Para que esta procura seja bem-sucedida, é fundamental assegurar a universalidade e indivisibilidade de todos os direitos humanos. E, no entanto, não é isso que se está a passar. Já em 2004, a Comissão Mundial sobre a Dimensão Social da Globalização no seu relatório sobre uma globalização mais justa, que devia criar oportunidades para todos, alertava para o facto de aos olhos da maioria dos homens e das mulheres no mundo, a globalização não ter correspondido às aspirações mais básicas de ter um emprego decente, meios de subsistência e um futuro melhor para os filhos.

Isto continua a ser verdade em parte, porque, à escala internacional, o desequilíbrio entre países e no seio dos mesmos aumentou, na medida em que o aproveitamento das oportunidades oferecidas pela globalização requer capacidades materiais, tecnológicas e organizacionais, que se encontram distribuídas de forma desigual. Por outro lado, as políticas de desenvolvimento social foram, erradamente, consideradas contrárias ao crescimento económico e à competitividade internacional, e o estabelecimento de redes de proteção social, absolutamente necessárias para amortecer os efeitos indesejados ou inesperados da globalização, não foi considerado uma prioridade política.

Na grande maioria dos países adotaram-se medidas que visaram apenas reduzir a despesa social sem ter em conta a necessária reflexão sobre os impactos adversos que tais cortes poderiam ter no exercício dos direitos económicos, sociais e culturais, o que resultou num aumento das desigualdades de rendimentos e outras, no enfraquecimento do papel das políticas públicas de serviços universais ou o arrastamento de indivíduos e famílias para situações de pobreza ou com maior risco de escaparem aos diversos sistemas de proteção social.

No chamado período de recuperação económica pós-austeridade, o progresso realizado no âmbito do exercício dos direitos económicos e sociais parece ter estagnado, em termos gerais, o que não é um ambiente favorável à paz sustentável enquanto contrato social abrangente.

Deixem-me usar os meus minutos finais para sublinhar as principais mensagens.

Primeiro, é necessário compreender que o não-cumprimento das obrigações no exercício fundamental e progressivo do PIDESC e a insuficiente atenção dada à acessibilidade, à disponibilidade, à aceitabilidade e à qualidade dos bens e serviços necessários ao pleno exercício dos direitos económicos, sociais e culturais estão no centro da agitação e do conflito. No final de 2013, o presidente Obama descreveu a desigualdade como definidora do nosso tempo. Quase meia década volvida, ainda assim é. Persistem padrões de enorme desigualdade entre diferentes setores da sociedade e a crescente frustração em relação aos sistemas políticos e à incapacidade de estes responderem às aspirações e preocupações quotidianas das pessoas levaram à eleição de políticos, cujos projetos não são, no mínimo, amigos dos direitos humanos.

A participação efetiva dos titulares de direitos é um parâmetro de direitos humanos crucial, sobretudo em tempos de adversidade. Processos democráticos inclusivos que reforcem a participação e a capacitação ajudam as pessoas a lidar com as consequências da sua impotência. O diálogo aberto, participativo e sério com as comunidades afetadas por tensões e conflitos, não é apenas um meio para garantir que as suas vozes são ouvidas e os seus direitos respeitados, mas também uma ferramenta política importante que pode oferecer uma série de medidas práticas para evitar conflitos e construir sociedades mais coesas.

Motivo de grande preocupação é verificar que, no mundo desenvolvido e em desenvolvimento, está a diminuir o espaço que permite às organizações da sociedade civil e aos defensores dos direitos humanos exercerem os seus direitos e viverem de acordo com os compromissos que assumiram. Normas cada vez mais rigorosas para o seu registo, financiamento e funcionamento são sintomas de uma profunda falta de consciência do que significa governação pública, responsabilidade e transparência. Isto não é um bom presságio!

Conforme expresso pelo Comité para os Direitos Económicos, Sociais e Culturais das Nações Unidas, na sua Declaração sobre a Pobreza e o Pacto Internacional dos Direitos, Económicos e Sociais:

Ainda que a impotência seja o tema comum subjacente às experiências de miséria, os direitos humanos podem capacitar os indivíduos e as comunidades. O desafio é conectar os impotentes com o potencial fortalecedor dos direitos humanos.

Não sendo os direitos humanos uma panaceia, podem equilibrar a distribuição e o exercício do poder entre as sociedades e no interior das mesmas.

Referências

Committee on Economic, Social and Cultural Rights, 2002, «Report on the twenty-fifth, twenty-sixth and twenty-seventh sessions», Official Records, 198.

Rees, Madeleine e Christine Chinkin. 2016, «Exposing the Gendered Myth of Post Conflict Transition: The transformative power of economic and social rights», *NYU, Journal of International Law and Politics*, 48 (4): 1211–1226.

E/C.12/2001/17, Committee on Economic, Social and Cultural Rights, «Report on the twenty-fifth, twenty-sixth and twenty-seventh sessions», Official Records, 2002, Supplement N.° 2, ANNEX VII, p. 198, parágrafo 6.

SEGUNDA PARTE

HISTÓRIA DOS IMPÉRIOS

NOTA INTRODUTÓRIA

Romário Basílio[1]

Nas últimas quatro décadas, a definição de globalização tem vindo a ser recorrentemente modificada tendo-se transitado de um processo de metaforização para movimentos de definição conceitual.

A partir da década de 1980, por exemplo, o uso de metáforas em estudos sobre fenómenos globais tem sido comummente observado na produção histórica, sociológica e geográfica. Este fato demonstra a transformação da natureza dos projetos de pesquisa na área como também as incertezas sobre qual a questão central a considerar nos estudos sobre a globalização. Assim, expressões metafóricas como «Aldeia Global», «a nave espacial», «a primeira revolução global», a «Nova Babel», a «Terceira Onda», a «sociedade informática», a «sociedade amébica», a «economia mundial», o «tecno cosmos», o «fim da geografia», o «fim da história» eram desconhecidas. Além de estas expressões não subsistirem como um conceito ou construção teórica clara e sólida, vários trabalhos debruçaram-se sobre definições de origem ou métodos de periodização: «quando teria começado» ou «quem foram os pioneiros da globalização».[2]

---

[1] Bolseiro de Doutoramento FCT (BD/BD/128447/2017).

[2] Sobre a metaforização da globalização, ver: Marshall McLuhan, Bruce R. Powers , *The Global Village. Transformations in world life in media in the 21th century*, Oxford: Oxford University Press, 1968; Alvin Toffler , *The Third Wave*, Nova Iorque: Bantam, 1984; Alexander King, Bertrand Schneider, *The First Global Revolution*, Londres: Orient Longman, 1991; Adam Schaff, *A Sociedade Informática: as consequências sociais da segunda revolução industrial*, São Paulo: Brasiliense, 1992; Francis Fukuyama, *The*

É evidente que eventos como as sucessivas intervenções dos governos norte-americano e britânico no Oriente Médio, Iraque e Afeganistão, do governo russo na Geórgia, República da Chechénia e Ucrânia catalisaram, nos últimos vinte anos, um interesse crescente nos estudos sobre os impérios chamados «modernos». Particularmente na Europa e na América, desde a década de 1970, as pesquisas já procuravam entender essas estruturas políticas, formas de expansão e fronteirização, negociação e domínio. A ascensão política, económica e militar da China e a memória da ocupação pelo Império Japonês, acompanhada por problemas relacionados com a delimitação de áreas de controlo marítimo e insular entre estas potências e os seus vizinhos, também promoveram o crescente interesse histórico no Oriente em pesquisas que procurem entender a manutenção e permanência das formas e políticas imperiais na contemporaneidade. Desta forma, observou-se um crescimento do número de estudos sobre os sucessivos regimes autoritários contemporâneos, desde a América Latina ao Oriente Médio, e dos debates intensos sobre legitimidade de certas estruturas monárquicas ainda existentes, como Malásia, Tailândia, Arábia Saudita e Reino Unido.

A chamada Primavera Árabe e os seus eventos procedentes, após 2010, expuseram preocupações populares e de classe, assim como novas formas de organização revolucionária, com recurso a redes sociais populares, como Twitter, Facebook, WhatsApp e Telegram. Estes eventos têm estimulado historiografias nacionais para estudos sobre o Estado e as suas configurações históricas, até previamente à presença das instituições coloniais. As formas e as políticas dos impérios modernos foram, então, colocadas em escrutínio. Questões como as tipologias imperiais, a natureza da relação entre as cortes e as colónias ultramarinas, quadros comparativos entre impérios territoriais e marítimos, o real poder de

---

End of History and the Last Man, Nova Iorque, Free Press, 1992; Ulrich Beck, *O que é Globalização? Equívocos do globalismo: respostas à globalização*, São Paulo: Paz e Terra, 1999; Octavio Ianni, *Teorias da Globalização*, Rio de Janeiro: Civilização Brasileira, 2001; Milton Santos, *Por uma outra Globalização, do pensamento único à consciência universal*, Rio de Janeiro: Record, 2001; Ortiz foi um dos primeiros a chamar a atenção para esse fenómeno, ver capítulo 1 de Renato Ortiz, *Mundialização e Cultura*, São Paulo: Brasiliense, 1994.

ação das burocracias, o quadro legal e fiscal, a imposição autoritária ou autoridades negociadas, começaram a ser introduzidas nos cursos e todos estes interesses de estudo corroboraram para a consolidação de conceitos, domínios ou verdadeiros campos de investigação; ora tendo os oceanos Atlântico e Índico como espaço, ora tendo o retorno de amplos quadros comparativos, histórias conectadas, estudos de género ou história da ciência nos quadros imperiais.[3]

O artigo aqui publicado «A Globalização e o Reflexo Autoritário», de J. Goldstone, apresenta, de forma exploratória, um panorama da persistência de formas imperiais de comando. Das cidades-estado gregas às experiências do *Brexit* e à Presidência de Donald Trump, o autor procura compreender as formas dos estados autoritários, as ondas de democratização e os ciclos de «movimento e contramovimento» das democracias modernas, fazendo aqui uso do termo de K. Polanyi (1957).[4] Foi atribuído à globalização do Pós Segunda Guerra Mundial, segundo o autor, demasiado crédito sem evidência suficiente de que uma maior integração levaria a um ciclo democrático longo e maduro. Os regimes

---

[3] Sobre a natureza e o conceito de império, ver James Muldoon, *Empire and Order, The Concept of Empire, 800–1800*, Nova Iorque, Macmillan Press, 1999; Fibiger Bang e C. A. Bayly, *Tributary Empires, Towards a Global and Comparative History*, Londres: Palgrave Macmillan, 2011; Peter Greene, Jack P., *Negotiated Authorities: Essays in Colonial Political and Constitutional History*, Charlottesville: University Press of Virginia, 1994; para questões de género nos espaços dos impérios/nações, ver Philippa Levine, *Gender and Empire*, Oxford: Oxford University Press, 2007; Sylvia Walby, «Woman and Nation», *in* Gopal Balakrishnan (org.), *Mapping the Nation*, Nova Iorque: Verso, (1996, 2012) . Sobre a abordagem dos usos da ciência moderna nesse contexto, ver Michel Adas, *Machines as the Measure of Men: Science, Technology, and Ideologies of Western Dominance*, Nova Iorque: Cornell University Press, 1989; John MacDonald MacKenzie (org.), *Imperialism and the Natural World*, Nova Iorque: Manchester University Press, 1990; Satpal Sangwan, *Science, Technology and Colonisation: An Indian Experience, 1757–1857*, Deli, 1991: Anamika Parakashan; P. Petitjean, Cathérine Jami, A. M. Moulin (orgs.), *Science and Empires: Historical Studies about Scientific Development and European Expansion*, Nova Iorque: Springer, 1992; Cameron B. Strang, *Frontiers of Science: Imperialism and Natural Knowledge in the Gulf South Borderlands, 1500–1850*, Chapel Hill: Omohundro Institute and University of North Carolina Press, 2018.

[4] K. Polanyi, «The economy as instituted process», *in* K. Polanyi, Conrad M. Arensberg, Harry W. Pearson (orgs.), *Trade and Markets in the Early Empires*, Illinois: The Free Press, 1957.

autoritários instituídos em várias partes do globo durante a Guerra Fria, por exemplo, elucidam que estavam errados os primeiros proclamadores da globalização como um fenómeno sem retorno.

Ainda, como expõe Goldstone, a natureza e a dimensão do poder estatal e a exibição das suas capacidades assumiram uma posição importante. Os processos de definição de fronteiras foram, por exemplo, um ponto central de legitimação imperial e o recente aumento nos chamados *border studies* é um exemplo dessa centralidade. É evidente que o reconhecimento da existência mútua entre os impérios era importante, pelo que a definição de fronteiras passou a ter um papel primordial. Os impérios britânico, holandês, espanhol e português estiveram envolvidos em inúmeros conflitos por terras, assim como os otomano, chinês e mogol. O significado do mapeamento dos espaços geográficos imperiais, e mesmo o uso da ciência, dos exploradores e dos avanços tecnológicos, foram ferramentas valiosas para estabelecer ligações entre os projetos políticos imperiais e os seus domínios.[5] Para além disso, até ao século XX, a contestação entre as colónias desses impérios na África, Ásia e entre repúblicas da América Latina foi fundamental para demonstrar que esses processos estavam relacionados não apenas com uma divisão banal de terras e uma definição política de fronteiras, como também com a revelação de um modelo de estratégias imperiais forte e resoluto e uma densa transformação tecnológica, nas leis e tratados internacionais, e na forma de se escrever a história.

Nessa conjuntura dos contactos de mútuas influências, transferências e relações entre culturas e civilizações, Sebastian Conrad apresenta, no âmbito do trabalho «Nada é Como Deveria Ser: Transformações Globais do Regime do Tempo no Século XIX», um estudo de caso com uma perspectiva crítica original sobre as formas e as políticas incorporadas

[5] Sobre o poder dos mapas e seu simbolismo, o ainda citado texto de Harley é um ponto de partida, ver: John B. Harley, «Maps, Knowledge and Power», *in* D. Cosgrove, S. Daniels, *The Iconography of Landscape*, Cambridge: Cambridge University Press, 1988, pp. 277–312; Thomas J. Bassett, «Cartography and Empire Building in Nineteenth--Century West Africa», *Geographical Review*, 84 (3), 1994, pp. 316–335; Matthew H. Edney, *Mapping an Empire: The Geographical Construction of British India, 1765–-1843*, Chicago: University of Chicago Press, 1997; Jeremy Black, *Geographies of an Imperial Power: The British World, 1688–1815*, Bloomington: Indiana University Press, 2018.

nas relações entre impérios ou entre estes e as suas colónias e áreas de influência. Tendo em conta o impacto, resistência e acomodação perante uma nova tecnologia de medição do tempo, chegada da Europa para o Japão, o autor oferece um olhar crítico sobre trabalhos debruçados apenas no estudo das conexões, que tendem a não assimilar que a integração global se dá por diversos canais e não apenas por uma ferramenta de transferência cultural através de conexões. Os múltiplos exemplos apresentados pelo autor, como a introdução dos relógios e calendários ocidentais na sociedade nipónica, demonstram, em primeiro lugar, a ausência de uma hegemonia absoluta dos modelos importados e, até mesmo, um aumento da popularidade de modelos alternativos existentes ou a criação de outros. Em segundo lugar, sugerem, ainda, a hipótese de que o olhar global deve direcionar-se, acima de tudo, para as condições e estruturas que permitem que tais transferências e conexões aconteçam.

Olhar para o passado dessa forma, como sugere Conrad, tem sido um desafio para as últimas gerações de historiadores. É necessário extrapolar a nossa visão além do «contentor do estado-nação», não devendo ignorar-se a sua existência e influência na forma de se escrever a história de impérios. A sua desagregação originou a formação de várias nações, as quais também possuíam as suas noções temporais e de história, como mostra o autor, e a descoberta do tempo profundo ou da longa duração «braudeliana» também devem ser tidos em consideração.

As análises historiográficas mais relevantes sobre estes temas são, portanto, geralmente baseadas em debates sobre o Estado moderno e o seu papel na construção de nações e de nacionalismos. As diferentes formas de expansão dos sistemas imperiais teriam conduzido a diferentes formas de Estado-nação e de nacionalismos? Ao mesmo tempo, é importante atentar que interpretações marxistas e até perspetivas pós-modernas tendem a associar os estágios de desenvolvimento do capitalismo como determinantes das experiências e estruturas políticas.[6] A questão central é: a transformação no modelo de produção determinaria uma mudança

[6] Philip Pomper, «The History and Theory of Empires», *History and Theory,* 44 (4), 2005, pp. 1–27.

nas formas de poder? Qual é a relação entre essas noções e a história da globalização?

O texto de Goldstone sugere caminhos, ainda que limitados, para que se encontrem essas respostas — com uma perspetiva mais otimista tendo como base os modelos de democracias liberais. Conrad, por sua vez, evidencia, mais detalhada e empiricamente, como as tentativas de globalizar conceitos, padrões e comportamentos, como a pontualidade e o cumprimento do horário de trabalho, também foram métodos e políticas imperiais, embora o autor se tenha inibido de efetuar uma comparação mais detalhada, o que seria um antídoto para a crítica aos estudos difusionistas pós-coloniais.

A alta qualidade dos dois estudos aqui publicados suscita aos leitores muitas questões e poucas respostas. A globalização como um processo multifacetado ainda se mantém como um conceito facilmente metaforizado — essencialmente ou porque ainda sabemos pouco sobre esse processo, ou sabemos cada vez mais de cada vez menos. Estudos monográficos são importantes para ampliar esse conhecimento, contudo é necessário que muitos desses micro objetos de trabalho se relacionem com quadros globais. Nesta dimensão, as celas disciplinares e metodológicas não fazem sentido — nunca fizeram. Uma história global e integrada dos impérios deve ter por base disciplinar metodologicamente os inquéritos sobre o passado, tendo em vista propostas multidisciplinares inovadoras e revolucionárias.

CAPÍTULO 3

GLOBALIZAÇÃO E O REFLEXO AUTORITÁRIO[1]

Jack A. Goldstone

Uma série de estudiosos tem sustentado que a democracia hoje está em declínio tanto nos países ricos como nos pobres (Diamond, 2019; Snyder, 2018; Levitsky e Ziblatt, 2018). Isto se considerarmos que nos últimos duzentos anos a trajetória da governação no mundo tem sido uma de crescimento da democracia. Este progresso foi desigual, e ocorreu por vagas (Huntington, 1993). Depois do último grande movimento de retrocesso nos anos de 1920 e 1930, criou-se, contudo, a expectativa de que a globalização — enquanto processo de maior integração económica e política por meio de organizações transnacionais, comércio e interações culturais — poderia trazer mais democracia. Foi por essa razão que, após a Segunda Guerra Mundial, as democracias ocidentais criaram uma série de instituições internacionais que incentivavam a globalização. Como se explica então que uma maior globalização não tenha resultado numa maior democratização?

A resposta é que os promotores da arquitetura global do pós-Segunda Guerra Mundial tinham mais fé do que evidências de que a globalização promoveria o regime democrático. Na história, a globalização do

[1] Este capítulo corresponde à comunicação apresentada pelo Professor Jack Goldstone no Colóquio «O que Sabemos sobre a Globalização?», organizado pelo programa de doutoramento em Estudos sobre a Globalização, no dia 16 de fevereiro de 2018, na NOVA FCSH. [N. da O.]

[Este capítulo segue o Acordo Ortográfico de 1990].

comércio e a competição militar serviram quase sempre para reforçar regimes autoritários. Nos últimos três mil anos, e até ao século XVIII, a democracia sobreviveu apenas em cidades-Estado e mesmo assim somente no quadro limitado de regimes oligárquicos de caráter mercante. Na maioria das sociedades, a necessidade de mais força militar para combater ameaças internas e externas deu origem a monarcas mais fortes.

Este cenário só mudou quando a ciência iluminista e a teoria política foram capazes de desafiar essa tendência, e o governo pluralista e constitucional foi sendo gradualmente difundido como norma. Depois das Revoluções Americana e Francesa, os regimes democráticos populares foram capazes de angariar impostos e criar forças militares aptas para os defender e até mesmo derrubar as forças de governantes autoritários. Mas a tendência para a democracia seria sempre desafiada pelo retorno de movimentos anteriores que defendiam regimes nacionalistas e autoritários: o romantismo conservador no século XIX, o fascismo no século XX e o nacionalismo renovado no século XXI. Neste momento, estamos numa fase da globalização em que os regimes nacionalistas e autoritários são apresentados como antídotos necessários para fazer face à governação transnacional, aos ditames da economia global e à pressão migratória.

A globalização dos impérios

A civilização parece ter começado com a ascensão de cidades-Estado e pequenos Estados nacionais no Próximo Oriente (Sumer e Akkad, Alto e Baixo Egito) e na bacia do rio Amarelo na China. O mesmo padrão parece ter prevalecido na Ásia do Sul e na Mesoamérica: as cidades--Estado e os pequenos Estados nacionais, que competiam militarmente, mas mantinham um comércio ativo entre si, seriam a marca distintiva das primeiras civilizações avançadas. Mas no espaço de um milénio, os impérios multinacionais prevaleciam praticamente em todo o lado. Quer se tratasse do Império egípcio, do assírio ou do persa, do Império Han, na China, ou do Mauria, na Índia, dos impérios helénicos, do Mediterrâneo Oriental à Ásia Central, ou dos impérios de Cartago e Roma no Mediterrâneo Ocidental, no fim do primeiro milénio a.C., quase toda a Eurásia era dominada por uma forma única de governo.

O regime imperial foi uma forma de governo extraordinariamente bem-sucedida. Assentava num governante hereditário com poder supremo para comandar o governo e fazer leis; uma elite hereditária e dona de terras que dominava o campo; uma elite semi-hereditária de burocratas e militares que exerciam o poder civil e militar em nome do governante (e cujas famílias muitas vezes coincidiam com a elite proprietária de terras); cidades que eram lugar de comércio ou administração, com associações de comerciantes e agentes do Estado responsáveis pela administração; uma religião do Estado e um sacerdócio nacional que legitimavam o governante, e que o próprio apoiava; e desigualdades rígidas, entre sujeitos que eram unidades de produção doméstica e apolítica, e as elites a quem eram reconhecidos formalmente privilégios legais (Goldstone 2015).

Claro que outras formas de governo continuaram a existir em simultâneo. Os ideais de democracia (adulta-masculina) e cidadania (Ober 1998) que se desenvolveram nas cidades-Estado ocidentais remontam à Grécia antiga. Durante séculos, permaneceram vivos na República Romana, nas cidades-Estado da Itália imperial durante a Idade Média e o Renascimento, nas repúblicas mercantes dos Países Baixos, de Veneza, Génova e das cidades da Liga Hanseática, e nos cantões da Suíça; e também em pequenos Estados teocráticos, desde bispados independentes e Estados papais na Europa, à nação budista no Tibete. Contudo, estes Estados alternativos não seriam relevantes antes do século XVIII.

Não quer isto dizer que os grandes impérios fossem invencíveis. De tempos a tempos, bárbaros nómadas invadiam-nos, tanto no Oriente como no Ocidente. Mas quando tal acontecia, estes bárbaros invasores tendiam a adotar o sistema dos impérios, colaborando com a elite privilegiada, e adotando ou adaptando o sistema local de regime burocrático. Isto aconteceu com os Mongóis e mais tarde com os Manchus na China; mas também com os Mogóis na Índia, os Turcos em Bizâncio e os Francos na Europa Ocidental.

Até ao século XVIII, as novas tecnologias de guerra — fortificações, artilharia, infantaria disciplinada no uso do mosquete/espingarda e homens de guerra naval — favoreceram os impérios maiores e mais ricos em detrimento dos pequenos Estados. Dos últimos apenas sobreviveram os excecionalmente ricos (como Veneza e as Províncias Unidas dos Países

Baixos) que podiam pagar a mercenários e ter as suas frotas navais. A globalização — seja na forma de invasões nómadas que se multiplicaram do centro da Eurásia aos seus extremos orientais e ocidentais, de doenças que dizimaram dezenas de milhões, de uma tecnologia da pólvora e armamento que se dispersou por toda a Eurásia, ou de um tráfico de pedras preciosas e escravos que atravessou o Velho e o Novo Mundos — não comprometeu a superioridade da forma imperial e autoritária de governo.

O sucesso notável de Portugal como nação precoce na exploração e no comércio global só reforçou o poder da monarquia portuguesa. Espanha, logo a seguir, estendeu o seu império do México às Filipinas. A França e a Grã-Bretanha não ficaram atrás, adaptando os seus sistemas centralizados de governo burocrático para controlar colónias do Atlântico ao Pacífico.

Durante algum tempo, as possessões coloniais europeias no sul e sudeste da Ásia foram dominadas recorrendo a uma forma comercial de administração, a das companhias comerciais das Índias Orientais, como a Companhia Holandesa das Índias Orientais ou a Companhia Britânica das Índias Orientais. Mas estas novas formas de governança não duraram muito; em breve, os governos britânico e holandês tomavam controlo dos territórios indiano e indonésio, respetivamente, restaurando uma forma de governo assegurada por elites privilegiadas com ligações ao domínio monárquico central. Mais ainda, nos séculos XVIII e XIX as monarquias europeias alargavam o seu domínio ao Novo Mundo e a África, absorvendo ou secundarizando formas de governação local e tribal, e impondo instituições de governação centralizada, burocrática e imperial.

Em suma, nos últimos dois mil anos, a globalização, em todas as suas formas, tendeu a produzir e reproduzir a forma imperial de governo. Como se pode então compreender que os intelectuais de hoje encarem a disseminação da democracia como consequência natural e inevitável da presente globalização económica?

As origens locais do governo democrático

A democracia — ou seja, o sistema de governo em que o mais alto governante é escolhido por termo certo com os votos de todos os cidadãos adultos, e de quem é esperado que cumpra (e não apenas faça) leis, e em que a autoridade legislativa e fiscal é partilhada pelo governante e por um corpo representativo — teve origem no Ocidente. Entre o fim do século VI a.C. e o início do século V a. C., desenvolveram-se nas cidades-Estado da Grécia clássica e em Roma instituições democráticas de governança. É certo que muitas sociedades tribais tinham sistemas em que os chefes eram escolhidos por conselhos de anciãos ou notáveis, e que as aldeias e comunas de camponeses na Índia e na Europa gozavam frequentemente de um grau de autogoverno, por meio dos conselhos de aldeia que decidiam sobre assuntos locais. Tais sistemas são frequentemente descritos como «democráticos». Mas estas aldeias estavam normalmente sujeitas a impostos e outras obrigações determinadas por governantes de nível superior. A democracia, enquanto sistema que cria leis escritas formais, e no qual a eleição e autoridade do mais alto governante é limitada pelo poder efetivo dos cidadãos e seus representantes, tem origem na Grécia e em Roma (Ober, 1998).

Em ambos os casos, o governo democrático durou vários séculos, mas acabou por desaparecer. Na Grécia, a democracia foi terminada por conquista externa, com a ascensão da Macedónia e as conquistas dos seus reis, Filipe e Alexandre, no século IV a. C. Em Roma, foram as guerras civis que no primeiro século a.C. enfraqueceram a autoridade do governo republicano, deixando o poder nas mãos dos generais. No fim, o general mais bem-sucedido, Otaviano (mais tarde, Augusto) César, criou instituições imperiais que centralizaram a autoridade burocrática e militar nas suas mãos e nas dos seus sucessores. O seu governo manteve os cargos republicanos, mas destituiu-os de qualquer poder concreto que pudesse limitar o mandato de imperador ou a autoridade pessoal do mesmo.

Se a memória do governo democrático e republicano permaneceu, a prática da democracia foi interrompida por mais de um milénio na Europa. Quando restabelecida, surgiu localmente e de duas formas. Uma foram os conselhos de nobres que tinham autoridade para regular a tributação na sua região. Nalguns países, estes conselhos eram nacionais (como o parlamento de Inglaterra); mas na maior parte dos casos a sua autoridade restringia-se a certas províncias ou regiões, como os «estados» na França e na Alemanha, ou as Cortes em Espanha, ou as comunas na Suíça. A segunda forma foi o autogoverno urbano por oligarquias de famílias da elite (geralmente comerciantes, banqueiros e outros profissionais). Esta surgiu predominantemente nas repúblicas comerciais do norte de Itália (Génova, Veneza, Florença, Siena) e ao longo das costas do mar do Norte e do mar Báltico, nas províncias holandesas e nas cidades da Liga Hanseática.

A democracia permaneceu assim limitada e local, sem alcance nacional. Entre os séculos XVI e XVIII, a maior parte dos monarcas na Europa conseguiram destruir ou enfraquecer consideravelmente o poder desses Estados e cidades-Estado. No final do século XVIII, Génova e Veneza tinham sido dissolvidas e incorporadas em impérios, e a maioria das monarquias na Europa tornaram-se cada vez mais «absolutas» — isto é, livres de quaisquer imposições ou restrições importantes por parte de outras instituições governamentais.

A principal exceção a esta tendência de monarquia absoluta foi a Grã-Bretanha. É verdade que na Suíça e no norte dos Países Baixos o governo permaneceu republicano; mas em ambos os casos, os Estados não deixaram de ser confederações de repúblicas locais. A Polónia também teve um parlamento nacional, mas em 1800 foi seriamente enfraquecido, quando esta foi ocupada e dividida. Em 1700, o único órgão representativo nacional na Europa, assente, de facto, numa soberania partilhada, e a crescer em força, numa potência nacional em ascensão, era o da Grã-Bretanha.

O parlamento britânico manteve-se poderoso porque falharam os esforços de Jaime II para criar uma monarquia absoluta à imagem do modelo continental. Embora James tivesse conseguido criar a *Star Chamber* (tribunal real), controlada por ele, e um exército permanente, os seus esforços para alcançar o poder absoluto fracassaram por questões religiosas. Jaime e o seu filho menor eram católicos, mas a grande maioria da população britânica, nomeadamente a elite proprietária de terras, era protestante. Recusando uma sucessão de reis católicos, membros da elite britânica convidaram o príncipe Guilherme de Orange — governante protestante de Orange/Nassau e eleito *stadtholder* (governador) da República Holandesa — a entrar em Inglaterra com o exército holandês e destituir Jaime II. Em troca, os líderes britânicos rebeldes prometeram apoiar as pretensões de Guilherme ao trono. Em 1688, este desembarcou o seu exército em Inglaterra, e Jaime II fugiu. Foram assim promulgadas pelo parlamento uma série de novas leis que restauravam a sucessão protestante, começando com o próprio Guilherme como Rei (Pincus, 2009).

Mas as resultantes Leis do Parlamento de 1689 não estabeleceram apenas uma sucessão protestante. Estabeleceram também direitos fundamentais do Parlamento: direito de se reunir regularmente e ter voto decisivo sobre a tributação e outras leis. As Leis incluíam também normas para proteger a liberdade de religião e os cidadãos da prisão e da punição arbitrárias.

Isto poderia ter sido apenas mais uma vitória local, com a democracia a surgir na Grã-Bretanha como caso isolado, num pântano de monarquias absolutas por toda a Europa e Eurásia. No entanto, em paralelo com a expansão colonial europeia e as suas monarquias progressivamente mais absolutistas, quatro tendências inesperadas se combinaram para reverter o panorama global de governo imperial. A primeira foi a ascensão de uma nova filosofia natural que destronou a supremacia inquestionável da Igreja e de autores clássicos como fontes de conhecimento verdadeiro. A segunda foi a aplicação dos princípios desta nova filosofia natural para pensar a sociedade humana e o governo, um programa conhecido como «iluminismo». A terceira foi a transplantação de instituições democráticas britânicas, de forma parcial, para certas colónias ultramarinas que estavam excecionalmente bem posicionadas para favorecer o crescimento da governação democrática. A quarta foi o avanço tecnológico militar e de produção, também com base nessa nova filosofia natural, o qual elevou o poder económico e militar britânico e, mais tarde, o europeu, firmando o domínio das nações europeias à escala mundial.

Juntas, estas quatro tendências criaram vagas de revolução democrática que agitaram, primeiro, o Novo Mundo, e depois a Europa, e eventualmente pareciam prestes a varrer e transformar o mundo inteiro.

Democracia contra absolutismo

O que se impôs à monarquia absoluta na Europa não foi a decadência política, as insurreições ou as guerras civis. Tais conflitos ocorreram em todos os impérios e monarquias do Velho Mundo. Governantes e dinastias podiam ser atacados e derrubados por rebeldes, mas o que estes últimos nunca conseguiram vencer foi a *ideia* de que não havia melhor, nem mais estável forma de governo do que um regime assente numa elite imperial/aristocrática. Esta permaneceria bem enraizada em todos os grandes Estados territoriais até ao final do século XVIII.

É bem conhecida a história da ascensão da ciência moderna e do iluminismo. A era da expansão, que espalhou comerciantes europeus e colónias em todo o mundo, pode ter enriquecido materialmente as monarquias europeias. Mas também comprometeu elementos que a legitimavam, porque o conhecimento que os exploradores trouxeram das novas terras, sobre plantas e animais desconhecidos, mostrava como estavam incompletos ou eram imprecisos os textos da ciência grega clássica e da Bíblia. A mania de colecionar coisas novas e factos novos contaminou outras formas de observação que recorriam a microscópios e telescópios. Estas novas observações — das luas de Júpiter, crateras na Lua, fases de Vénus e supernovas, e de micro-organismos até então desconhecidos — revelavam um universo de fenómenos jamais sonhados pelos sábios clássicos e medievais.

Alguns desses mistérios foram desvendados por Galileu, Kepler e Newton, ao usarem as ideias de inércia, movimento relativo e regras matemáticas para descrever os movimentos de projéteis terrestres e corpos celestes. Estas ideias não foram imediatamente aceites, obviamente. Os jesuítas lutaram com unhas e dentes por um sistema modificado em que a Terra permanecia imóvel, enquanto o Sol, acompanhado pelos seus planetas, circulavam em torno dela. A ideia de gravidade permaneceu misteriosa, e foi muitas vezes rejeitada pela filosofia continental. Mas na Grã-Bretanha protestante o sistema de Newton foi aproveitado para validar a genialidade anglicana de decifrar o plano de Deus, por oposição aos argumentos obscurantistas e falsos dos papistas. A abordagem que levou a esses avanços científicos — observação empírica cuidadosa, uso de instrumentos em experiências controladas, uso de uma lógica rigorosa e regras matemáticas, e explicação de padrões e eventos por forças naturais, sem recurso a intervenção divina — foi amplamente apreciada e ensinada na Grã-Bretanha, dando origem a uma mania de interesse pela ciência, pelos instrumentos científicos e pela experimentação em toda a população educada (Mokyr, 2016; Jacob, 1997).

Os filósofos não tardaram a aplicar os mesmos princípios do raciocínio à sociedade humana, procurando explicar as regras e os padrões naturais com base no raciocínio lógico e na observação cuidadosa, e sem recorrer a argumentos sobre a vontade divina. Enquanto alguns filósofos usavam essa linha de pensamento para justificar a autoridade absoluta (sendo Hobbes o mais famoso), outros usaram-na para rejeitar o direito divino dos reis, a autoridade hereditária e a superioridade dos costumes e da tradição sobre contratos sociais racionalmente construídos.

Tais argumentos contribuíram para desafiar a autoridade dos reis e sacerdotes. No entanto, este desafio foi tomado com bastante precaução no início. Contestar a autoridade real ou o dogma religioso significava traição e blasfémia, as quais ainda eram severamente punidas. A não ser que outros motivos existissem, a razão abstrata sozinha tinha pouco ímpeto para se opor ao poder régio.

Nas colónias britânicas, esse ímpeto surgiu no século XVIII. Quando fundadas no século XVII, as colónias inglesas no continente americano dependiam da metropole para proteção militar, sendo o caráter aristocrático da sociedade evidente. Mas com o tempo, à medida que mais colonos chegavam, se dispersavam e colonizavam o território, a sociedade tornava-se menos desigual. Por outro lado, as proteções contra a tributação sem consentimento dos seus representantes — que as elites e os agricultores britânicos haviam conquistado em 1689 e que geralmente se estendiam aos colonos americanos através de suas assembleias coloniais — foram ignoradas pela monarquia britânica no rescaldo da Guerra dos Sete Anos (1756–1763). Na década seguinte, a Coroa britânica tentou que as colónias pagassem os custos da sua proteção, tributando-as sem o seu consentimento.

Os ressentimentos, tanto contra a tributação régia sem consentimento como contra os governadores aristocráticos britânicos, impostos pela monarquia para levar por diante as suas políticas, desencadearam uma revolta contra a autoridade britânica. No entanto, esta revolta contra um monarca não procurava somente restaurar um *statu quo* mais confortável. Os colonos, assimilando a visão da ciência racional moderna e aplicando esta à política, propuseram uma mudança de regime revolucionária. Procuraram substituir o governo inglês por governadores régios e uma constituição, concebida racionalmente de forma a dar soberania aos representantes de cidadãos adultos com direito ao voto. Inspirando-se sobretudo nos precedentes republicanos romanos, temperados com outras visões resultantes da observação comparada entre diferentes tipos de governo, e baseando-se nos conceitos de direitos naturais e leis naturais, os colonos desenvolveram uma forma de governo democrático, que esperavam que funcionasse numa confederação de estados livres e à escala continental (Wood, 1993).

Após a bem-sucedida revolta das colónias contra a Grã-Bretanha, cedo o exemplo americano de desafio popular à autoridade régia se difundiu. Surgiram revoluções democráticas em França, em 1789; no Haiti, em 1791; na maior parte da América Latina, entre a primeira década do século XIX e os anos de 1820; nas monarquias europeias, nos anos de 1830 e 1840; e na China, na Rússia, na Turquia e no Irão, entre outros países, no início do século XX. Olhando para esta vaga em expansão, é fácil compreender por que muitos observadores assumiram que a propagação da democracia era imparável.

E, no entanto, parou. Foram vários os países que viram as suas revoluções democráticas falhar, ou os governos democráticos ser derrubados e substituídos por ditaduras e elites privilegiadas.

Em França, a democracia deu lugar, primeiro, à ditadura militar de Napoleão e, depois, à restauração da monarquia. Subsequentes revoluções democráticas nos anos 30 e 40 do século XIX criaram regimes constitucionais de curta duração, que logo foram derrubados num retorno ao domínio imperial. Só depois da derrota militar de Napoleão III, em 1870, foi criada uma república democrática que durou mais do que algumas décadas. Noutras partes da Europa foi muito difícil reproduzir o modelo dos EUA. O Reino Unido passou por vários movimentos reformistas que acabaram por expandir a representação dos cidadãos no Parlamento, mas ainda assim mantiveram uma Câmara dos Lordes hereditária até ao final do século XX, e uma monarquia hereditária até hoje, ainda que, acima de tudo, de cariz cerimonial. Na Alemanha e na Áustria, as democracias que foram estabelecidas após a Primeira Guerra Mundial cedo sucumbiram à ditadura nazi. Espanha e Itália cederam ao fascismo nos anos de 1920 e 1930, enquanto a Rússia e a China, que começaram revoluções democráticas em 1917 e 1911 respetivamente, acabariam por cair em guerras civis e dar origem a um regime controlado pelo partido comunista. As revoluções democráticas na América Latina rapidamente deram lugar a governantes militares que foram alternando com governos democráticos fracos durante os séculos XIX e XX. Mesmo algumas das aparentemente mais bem-sucedidas democracias em desenvolvimento, como a Tailândia ou a Venezuela, voltaram nos últimos anos a uma trajetória de governo autoritário liderado por um partido ou militares.

Assistimos, repetidas vezes, a vagas de mudança democrática, seguidas por movimentos de retração autoritária. Por que razão foi tão difícil manter o ímpeto das várias vagas de democratização?

As difíceis mas essenciais condições para uma democracia estável

Depois do trabalho de Seymour Martin Lipset (1981) e outros teóricos da modernização, os cientistas sociais começaram a assumir que um conjunto de mudanças se imporia às sociedades humanas se estas se fossem tornando mais prósperas em termos materiais. As paixões e autoridades religiosas enfraqueceriam; as reivindicações hereditárias de *status* e poder seriam postas de lado; e as pessoas exigiriam ser governadas por instituições democráticas. A relação entre o aumento do rendimento *per capita* e o surgimento da democracia foi considerada uma associação causal, não uma correlação fortuita ou uma conclusão falaciosa.

No entanto, isto é nitidamente um erro. Vezes sem conta assistimos a sociedades que, à medida que enriquecem, permanecem ou tornam-se ditaduras. Isto foi verdade para a Rússia e China quando se industrializaram; foi-o para os países latino-americanos que caíram sob domínio militar nos anos de 1960, numa altura em que alcançavam mais riqueza do que alguma vez no passado; foi verdade para várias ditaduras alimentadas a petróleo, da Nigéria ao Azerbaijão e ao Golfo Pérsico; e até mesmo hoje para os regimes pós-comunistas, como os do Cazaquistão, da Hungria ou da Polónia, que estão a desmantelar instituições democráticas apesar de o rendimento *per capita* ser maior do que antes.

A associação que fazemos hoje entre maior rendimento *per capita* e melhor democracia baseia-se em países que se tornaram democracias relativamente cedo (como foi o caso dos Estados Unidos e de muitos países da Europa Ocidental durante o século XIX), quando tinham níveis de rendimento *per capita* baixos, e que só depois enriqueceram. Mas a verdade é que, após a Primeira e a Segunda Guerra Mundial, muitos países pobres saíram da pobreza sem nunca conseguirem desenvolver regimes democráticos.

Para alcançar uma democracia estável não importa apenas o nível de rendimento *per capita*. Importa a estrutura social subjacente, ou seja, a rede de relações sociais entre diferentes indivíduos e grupos.

A essência da democracia não é simplesmente votar: os votos podem ser comprados; os grupos podem ser pressionados a votar de acordo com a sua identidade de grupo; as pessoas podem ser manipuladas para não votar; e as contagens de votos podem ser corrompidas. Para haver eleições livres, as pessoas devem sentir-se suficientemente autónomas para votar de acordo com os seus desejos, e suficientemente confiantes na atuação das instituições de governo para garantir que os votos sejam contados e registados de forma justa e com honestidade. Esses fatores de autonomia e confiança não se resumem a uma questão de rendimento *per capita*. Têm a ver com a natureza das relações sociais numa dada sociedade (Tilly, 2007).

Christian Welzel e Ronald Inglehart (2008) argumentaram que a democracia só se fortalece quando as pessoas se sentem suficientemente seguras para colocar as suas necessidades de autoexpressão à frente das suas necessidades de sobrevivência. Quando as pessoas se sentem seguras economicamente, confiam nos seus concidadãos e veem o papel do governo essencialmente como o de um árbitro — que assegura que as regras e leis são seguidas e que os bens públicos como saúde, educação e bem-estar são fornecidos —, então as pessoas tendem a exercer a sua soberania sobre o governo, apoiando ativamente as instituições democráticas que moldam as políticas. Sem dúvida, os países que assumem uma posição de liderança económica no mundo, e têm providenciado enormes oportunidades à sua população, criam um ambiente seguro no qual a democracia pode ser exercida e mantida. Assim, existe uma correlação de longa duração entre mais países a ficarem mais ricos e mais países a tornarem-se democracias.

Mas não há nada na história ou nas ciências sociais que sustente que este processo não possa operar em sentido inverso. Ou seja, quando as pessoas se sentem genericamente inseguras de um ponto de vista económico, desconfiam dos seus concidadãos e veem o papel do governo essencialmente como o de um escudo — que os defende de ameaças iminentes contra o seu país —, então as pessoas vão querer um governo forte, e tendem a deixar esse governo estabelecer regras e determinar políticas, sem muita consideração pelos princípios democráticos (Putnam, 1994). Tais condições abriram sempre caminho a populistas e autoritários, independentemente do nível de rendimento absoluto que um país possa ter atingido. Em países onde partes significativas da população acham que estão a perder terreno para outras, ou que outras nações estão a aproveitar-se do seu próprio país, ou que as ameaças à sua cultura ou integridade estão a crescer, as soluções autoritárias têm grande apelo.

Para compreender por que a globalização pode gerar tanto vagas de democratização *como o seu inverso*, precisamos de reconhecer que as condições essenciais para a democracia — confiança, segurança, governo limitado — *não são* autossustentáveis. Pelo contrário, devem ser alcançadas e depois constantemente defendidas se queremos preservá-las.

Democracia e globalização

Num período de expansão económica, a globalização pode gerar prosperidade económica e segurança, e propagar o otimismo que alimenta os valores de autoexpressão. Por exemplo, na Europa e nos EUA durante os anos de 1920, as economias emergentes ajudaram a sustentar as democracias do pós-Primeira Guerra Mundial. E, no entanto, as condições sociais para a democracia permaneceram frágeis. Ainda antes da depressão, a hiperinflação na Alemanha no início dos anos 20 do século passado, e a crença dos nacionalistas italianos de que a Itália tinha visto defraudadas no acordo do pós-guerra as suas aspirações a tornar-se uma grande potência, semearam ansiedade nesses países. Na Rússia, as condições para a democracia ainda não tinham sido alcançadas, quando o regime czarista caiu durante a Primeira Guerra Mundial. Assim, não deveria ser surpreendente que nos anos 20, e mais ainda nos anos 30, no rescaldo da Grande Depressão, tenhamos visto as democracias enfraquecer e vacilar por toda a Europa, e ser ultrapassadas por regimes populistas e autoritários que prometeram restaurar a grandeza nacional. De facto, pode argumentar-se que a promessa de grandeza nacional é especialmente apelativa para indivíduos que acreditam que a sua própria grandeza pessoal foi comprometida por outras nações, ou por outros povos que lhes roubaram as suas oportunidades.

A Grande Depressão trouxe uma globalização de ansiedade e miséria nos anos de 1930, e, consequentemente, uma onda global que minou a confiança nas democracias na sua esteira. Em resposta, as potências ocidentais, que saíam vitoriosas da Segunda Guerra Mundial, projetaram um conjunto de instituições com as quais esperavam unir o mundo no comércio livre, proporcionar às nações segurança económica e militar, e, deste modo, sustentar o ressurgimento do governo democrático à escala global.

Durante meio século, pareceu funcionar. A NATO, as Nações Unidas, a União Europeia, o GATT/OMC e outras instituições globais forneceram um quadro que promoveu uma prosperidade e uma segurança sem precedentes nas democracias ocidentais. Embora a competição com as potências comunistas tenha levado a apoiar muitas autocracias em nações emergentes, no início dos anos de 1990 tanto o comunismo como muitas ditaduras do terceiro mundo tinham sido derrubados. O caminho parecia aberto para que globalização e democracia disfrutassem do seu merecido triunfo (Fukuyama, 2006).

Todavia, os ciclos adversos da globalização estavam longe de ter terminado. Os dois grandes erros daqueles que acreditaram que a globalização traria uma expansão estável da democracia foram: primeiro, seguir os economistas neoclássicos que acreditavam que mercados mais livres trariam prosperidade estável, moderada apenas por pequenas recessões; e, segundo, que a globalização criaria principalmente «vencedores», com a expansão da especialização e da eficiência por meio do comércio, com quaisquer «perdedores» a ser facilmente compensados por «vencedores», em troca da sua adesão à economia globalizada. Na verdade, ambos os argumentos eram falsos.

As crises monetárias da América Latina e da Ásia Oriental — com mercados emergentes que se tinham endividado para atrair investimento estrangeiro a sofrer colapsos recorrentes das suas moedas — foram seguidas pela Grande Recessão de 2007–2009 que destruiu grande parte da riqueza e da segurança da classe trabalhadora e da classe média em muitos países. E se a globalização produziu certamente muitos «vencedores» — nomeadamente, trabalhadores migrantes urbanos na China, Índia e Sudeste Asiático, ou empresários, investidores e executivos escorados na economia global —, criou também um grande número de «perdedores» que levaram para casa uma parcela muito menor do aumento geral da riqueza global. Longe de serem «compensados» pelos vencedores, esses perdedores — residentes no campo e nas pequenas cidades, do Japão ao Reino Unido; trabalhadores de fábricas cujos empregos estáveis e bem remunerados desapareceram perante a terceirização global e as tecnologias de substituição de mão-de-obra; trabalhadores em empregos dos serviços que não tinham sindicatos fortes para lhes garantir segurança no emprego e boas condições remuneratórias; e famílias em todo o mundo sem rendimento para acompanhar o ritmo crescente dos custos das casas em bairros desejáveis, da educação superior e dos cuidados de saúde privados — sentiram a prosperidade estável de que usufruíam, e a ascensão social que tinham antecipado para os seus filhos, ser-lhes retiradas.

Dani Rodrik (1997), um economista mais radical, defendeu um argumento diferente. Segundo ele, a globalização não reforçava a expansão da democracia antes a colocava perante um dilema: na medida em que os «perdedores» da globalização não eram suscetíveis de ser compensados, os seus descontentamentos irromperiam em esforços para colocar barreiras à globalização, ou atacar as elites existentes, ou ambos.

Foi precisamente isto que vimos um pouco por todo o mundo na década que se seguiu à Grande Recessão. Os grupos que se sentiram lesados — ainda se relativamente prósperos — produziram uma política fortemente nacionalista e pró-autoritária, reminiscente daquela dos anos 30. Assim se explica o movimento *Brexit* no Reino Unido, a ascensão de partidos de direita e esquerda na Europa (à custa das elites do pós-guerra), a disseminação de movimentos anti-imigrantes, ou a presidência de Donald Trump nos Estados Unidos (que significou transformar o anterior Partido Republicano, favorável ao comércio livre e pró-elite, num partido populista, obcecado pela regulação do comércio e antielitista). Sob todos os pontos de vista, a democracia tem estado em retrocesso em todo o mundo durante a última década (Diamond 2019).

Será o futuro diferente?

Quase sempre na história, as sociedades humanas foram governadas por impérios autoritários liderados por elites privilegiadas. O «reflexo autoritário» é a tendência para regressar a esta forma de governo quando os tempos são de ansiedade social, insegurança e desconfiança — até nas democracias consolidadas, e sobretudo nas mais fracas ou jovens. Os regimes democráticos, longe do fim inevitável da história, são como mutantes que sobrevivem apenas em nichos ambientais muito excecionais e raros. Quando o ambiente favorável cresce, assim cresce esta espécie de governo.

Não obstante, as forças que favorecem os regimes autoritários nacionalistas e populistas permanecem vivas (Snyder, 2018). Os seres humanos têm uma tendência natural para formar grupos e sentirem-se mais seguros quando fazem parte de um bloco forte e coerente. Na verdade, para muitos indivíduos, o estatuto relativo do seu país — seja uma potência em ascensão, potência global, ou superpotência — é mais importante, para o seu sentido de segurança, do que o seu estatuto individual dentro da sociedade. A perceção de que a sociedade está num estado de desordem, ou em declínio relativo, combinada com sentimentos pessoais de insegurança acerca do futuro, leva muitos cidadãos (e elites!) a apoiar formas autoritárias de governo.

A segunda metade do século XX pode muito bem ter sido um período excecional em que se assistiu a um crescimento invulgar do ambiente favorável à democracia. Primeiro, o resultado da Segunda Guerra Mundial, com as democracias ocidentais a derrotar as ditaduras nacionalistas na Alemanha, na Itália e no Japão, desacreditando os regimes autoritários enquanto base para um Estado poderoso. Restavam assim os Estados dos partidos comunistas (liderados pela União Soviética como segunda superpotência) e as democracias constitucionais (lideradas pelos Estados Unidos e pela Europa Ocidental). Em segundo lugar, os anos de 1950, 1960 e 1970 foram de excecional crescimento económico e prosperidade para as classes trabalhadoras e profissionais nas democracias constitucionais. Nessas sociedades, a desigualdade caiu para níveis nunca vistos (Piketty, 2017) e o rendimento médio e a qualidade de vida atingiram novos máximos. E se nos anos 60 e 70 alguns países emergentes escolheram Estados dos partidos comunistas, ou ditaduras capitalistas, nos anos de 1980 era evidente que as democracias constitucionais tinham superado consideravelmente os regimes comunistas em termos de prosperidade material e progresso tecnológico. No final dessa década, o comunismo entrou em colapso por toda a Europa, sendo substituído por novos regimes democráticos na Europa Oriental, e por ditaduras nacionalistas na Ásia Central. Esse desmoronamento deixou uma única superpotência: os Estados Unidos, o campeão do governo democrático constitucional. A democracia liberal de economia capitalista parecia ser o caminho de sucesso para alcançar o poderio nacional. Por essa razão, até mesmo Estados comunistas como a China ou o Vietname vieram a adotar reformas democráticas moderadas quando precisaram de reformar as economias para incentivar a iniciativa privada.

No início da década de 2000, a confiança na inevitável expansão da democracia estava de tal forma enraizada nas elites ocidentais que estas assumiram que o simples derrubamento de regimes ditatoriais — dos Talibãs no Afeganistão, de Saddam Hussein no Iraque — levaria a uma vaga de apoio à democracia. Também se supunha que os restantes regimes comunistas, como a China ou a Coreia do Norte, e as restantes ditaduras em África e no Médio Oriente, acabariam por enfraquecer e ser gradualmente suplantadas por democracias.

Duas décadas depois, não temos dúvidas do quão equivocados estávamos. Ao confiarmos no movimento inevitável para a democracia não tivemos em conta as condições essenciais para a sua manutenção. Recorrer a intervenção estrangeira para derrubar ditadores, longe de reforçar a democracia, criou desordem, ansiedade e uma reação nacionalista contra o intruso estrangeiro e o regime por ele criado. As ações dos Estados Unidos no Afeganistão e no Iraque, em vez de desencadear processos democráticos, alimentaram o terrorismo islâmico e décadas de guerra civil. Outros esforços para derrubar regimes autoritários no Próximo Oriente acabaram malsucedidos (como na Síria ou no Bárem), em guerras civis (como na Líbia ou no Iémen) ou numa reação contrarrevolucionária e autoritária (como no Egito e Irão).

Além disso, as condições de base nas democracias ocidentais tinham-se vindo a alterar desde os anos de 1980. As suas economias tinham-se tornado mais desiguais, com os benefícios económicos cada vez mais monopolizados por uma fração superior da elite. Grande parte da população, apesar de registar uma melhoria ao nível dos rendimentos e da educação, viu serem reduzidas as oportunidades de mobilidade social (especialmente nos EUA e no Reino Unido), ao mesmo tempo que a Grande Recessão — e a consequente perda do valor das propriedades, das poupanças para a reforma, e da segurança e benefícios no trabalho

— punha em causa o mito da «prosperidade continuamente crescente», que havia sustentado o otimismo e a autoexpressão no final do século XX.

Três outros fatores se associaram, criando mais ansiedade e desconfiança. Primeiro, o falhanço das principais democracias constitucionais (EUA, Europa Ocidental e Japão) em tomar as rédeas do domínio global. A economia do Japão caiu numa longa estagnação; a União Europeia nunca recuperou da Grande Recessão, com um crescimento lento e irregular, e a normalização de desigualdades crescentes entre nações mais avançadas e mais atrasadas; e os EUA não foram capazes de vencer até mesmo pequenas guerras no Iraque e Afeganistão, minando o prestígio dos governos democráticos. Paralelamente, a capacidade da China de sustentar um crescimento de dois dígitos durante décadas, rivalizando com os EUA pelo título de maior economia do mundo (medida em paridade de poder de compra), e o crescimento rápido de uma Rússia puxada pelo petróleo, mostraram que o governo autoritário ainda tinha hipóteses de ser a fórmula para alcançar o poderio nacional.

Em segundo lugar, surgia uma nova ameaça à segurança — o terrorismo islâmico. Embora a grande maioria dos ataques terroristas tenha ocorrido em países muçulmanos, principalmente no Iraque, no Afeganistão e no Paquistão, uma série de ataques islamitas marcantes em países democráticos, incluindo Estados Unidos, França, Grã-Bretanha, Espanha, Alemanha e Índia, desencadearam o medo em todo o mundo. Mais grave: os governos democráticos desses países pareciam incapazes de proteger as suas próprias populações dessa ameaça terrorista. Isto criou novas ansiedades relativamente aos estrangeiros, sobretudo se muçulmanos, gerando desconfiança na relação com o governo e os concidadãos.

Em terceiro lugar, o volume da migração global alterava-se, bem como as suas origens. Nos anos de rápido crescimento económico das democracias ocidentais, em que as classes médias usufruíram de uma prosperidade crescente, muita mão-de-obra barata foi importada do exterior. A Alemanha convidou os trabalhadores turcos, a França acolheu os migrantes das suas antigas colónias de língua francesa do Norte de África e da África Ocidental, o Reino Unido abriu as portas a trabalhadores da Índia e do Paquistão, e os Estados Unidos assistiram a uma onda de trabalhadores migrantes do México. Embora fossem às vezes mal recebidos, estes trabalhadores não interromperam o crescimento da prosperidade da classe média e permaneceram uma pequena parte da população. Contudo, esse padrão mudou nos anos de 1990. Com o colapso do comunismo e a expansão da UE, um grande número de trabalhadores provenientes de países da Europa do Sul e da Europa de Leste — de dentro ou da periferia da UE (Ucrânia, Sérvia e Rússia) — passou a aceder mais facilmente à Europa Ocidental. Ao mesmo tempo que as desigualdades internas aumentavam e que as classes médias e trabalhadoras assistiam a um crescimento residual do rendimento, em muitos países a globalização produzia elites muitíssimo ricas, que começaram a comprar propriedades nas principais cidades da Europa e dos EUA, elevando cada vez mais os preços dos melhores imóveis. Finalmente, os conflitos civis no mundo em desenvolvimento — especialmente, mas não apenas, as guerras civis que se seguiram às revoltas árabes em 2010–2011 — levaram a grandes fluxos de refugiados em fuga de guerras e desastres económicos. Estes envolveram o recrudescimento súbito de duas vagas de migrantes: uma do Norte de África e do Próximo Oriente para a Europa; e outra da América Central e de várias partes da Ásia para os Estados Unidos. Estes fluxos, combinados com as elevadas taxas de natalidade dos imigrantes que entraram nesses países nos anos de 1960–1980, desencadearam mudanças consideráveis na composição étnica das democracias ocidentais. De pequenas e quase impercetíveis, as minorias étnicas tornaram-se uma presença importante nas escolas, na política, nas cidades e seus subúrbios, e mesmo nas pequenas urbes. Na década de 2010, políticos nacionalistas começavam a aproveitar-se do ressentimento contra a imigração, e das ansiedades de que esta pudesse estar a «invadir», ou mesmo substituir, as populações e culturas locais.

Assim, na segunda década do século XXI, a crescente desigualdade e a insegurança económica provocadas pela Grande Recessão na maioria das democracias ocidentais foram agravadas por ansiedades em relação ao crescimento de potências estrangeiras, ameaças terroristas globais e surtos descontrolados de imigrantes. Nesta «tempestade perfeita» de condições desfavoráveis à democracia, não surpreende que a confiança nos partidos políticos bem estabelecidos se tenha quebrado. Sob a direção de líderes nacionalistas e populistas, os partidos que se opunham à globalização e ao livre comércio, adversos à imigração e que insistiam na afirmação do poderio nacional ganharam margem. Com o poder e o prestígio das democracias ocidentais debilitados, abria-se em todo o mundo caminho para líderes autoritários agirem sem hesitação, expandindo e exercendo a sua autoridade. Assistimos, assim, a uma dinâmica global de afastamento da democracia, com as normas e instituições democráticas dos regimes constitucionais a serem enfraquecidas, e os governantes de regimes autoritários a eliminar quaisquer vestígios de direitos políticos ou obstáculos ao seu poder.

Poderia esta tendência inverter-se? Sim, se as condições essenciais para a democracia fossem restauradas. Isto é, se voltássemos a uma prosperidade alargada que favorecesse sobretudo as classes média e trabalhadora, proporcionando-lhes oportunidades de ascensão social e segurança, e se isso fosse acompanhado por uma subida da posição global dos regimes constitucionais democráticos face às ditaduras. Teoricamente, uma futura revolução económica, baseada na inteligência artificial, fabricação em 3D, veículos autónomos e energia limpa, poderia revigorar as economias ocidentais, pondo um largo espectro de oportunidades económicas ao seu dispor. Se os regimes democráticos liderassem o processo de transformação económica decorrente da exploração das tecnologias de ponta — deixando para trás a China e a Rússia, atrasadas pela redução e o envelhecimento das suas populações, os problemas ambientais e o controlo estatal opressivo —, talvez então o avanço global da democracia regressasse.

No entanto, muitos analistas receiam um desfecho diferente. Veem na futura revolução económica baseada numa maior automatização uma ameaça às classes média e trabalhadora e uma fonte de desigualdade económica. Veem também a China como tendo vantagens na procura de inteligência artificial, energia limpa e automatização de veículos. As atuais políticas dos Estados Unidos e do Reino Unido — de apoio ao crescimento baseado nos combustíveis fósseis, cortes no apoio público à investigação e ao ensino superior, criação de obstáculos ao comércio internacional, redução da imigração e quebra das alianças internacionais — parecem estar mais a enfraquecer a capacidade dessas democracias constitucionais para manter a liderança tecnológica do que a contribuir para que estas tenham uma posição dominante em áreas-chave da inovação.

Quer isto dizer que o futuro se assemelha mais ao passado — ou seja, a um mundo de competição económica e política globalizada, que gera insegurança e desconfiança, e enfatiza o poder nacional, acionando o reflexo para governos imperiais e autoritários, e não para o alargamento do regime democrático. A era entre o fim da Segunda Guerra Mundial e a ascensão da China pode bem ter sido um caso isolado na história mundial. A não ser que se encontrem novas formas de atenuar os efeitos da globalização e restaurar as condições essenciais para a democracia à escala global, devemos olhar para o período entre 1750 e o início da década de 2000 como os gregos e os romanos olhavam para as suas primeiras repúblicas, ou os europeus do século XVII para as cidades-Estado renascentistas, e observar que foram tempos excecionais, mas que agora foi restabelecida a tendência normal para governos poderosos e autoritários.

Referências

Diamond, Larry, *Ill Winds*, Nova Iorque: Penguin Press, 2019.

Fukuyama, Francis, *The End of History and the Last Man*, Nova Iorque: Free Press, 2006.

Goldstone, Jack A, «Political Trajectories Compared», capítulo 21 *in The Cambridge World History, vol. 6: The Construction of a Global World, 1400–1800 C.E. (Part I)*, Merry D. Weisner-Hanks e Sanjay Subrahmanian, Org. Cambridge: Cambridge University Press, 2015.

Huntington, Samuel P., *The Third Wave*, Norman, OK: Oklahoma University Press, 1993.

Jacob, Margaret, *Scientific Culture and the Making of the Industrial West*, Oxford: Oxford University Press, 1997.

Levitsky, Steve e Daniel Ziblatt, *How Democracies Die*, Nova Iorque: Crown Books, 2018.

Lipset, Seymour Martin, *Political Man*. Baltimore, MD: Johns Hopkins University Press, 1981.

Mokyr, Joel, *A Culture of Growth: The Origins of the Modern Economy*, Princeton: Princeton University Press, 2016.

Ober, Josiah, *The Athenian Revolution*, Princeton: Princeton University Press, 1998.

Pincus, Steven C. A., *1688: The First Modern Revolution*, New Haven, CT: Yale University Press, 2009.

Piketty, Thomas, *Capital in the Twenty-First Century*, Cambridge, MA: Harvard University Press, 2017.

Putnam, Robert D., *Making Democracy Work*, Princeton: Princeton University Press, 1994.

Rodrik, Dani, *Has Globalization Gone Too Far?*, Washington, DC: Institute for International Economics, 1997.

Snyder, Timothy, *The Road to Unfreedom*, Nova Iorque: Tim Duggan Books, 2018.

Tilly, Charles, *Democracy*, Cambridge: Cambridge University Press, 2007.

Welzel, Christian e Ronald Ingelhart, «The Role of Ordinary People in Democratization», *Journal of Democracy* 19 (1), 126–140, 2008.

Wood, Gordon S., *The Radicalism of the American Revolution*, Nova Iorque: Vintage, 1993.

CAPÍTULO 4

«NADA É COMO DEVERIA SER»: TRANSFORMAÇÕES GLOBAIS DO REGIME DO TEMPO DURANTE O SÉCULO XIX[1-2]

Sebastian Conrad

Foi com comoção que no século XVII o Japão viu chegar os primeiros relógios europeus. Instrumentos de grande precisão e complexidade, chegavam a Nagasáqui por meio da Companhia Holandesa das Índias Orientais que durante mais de dois séculos controlou o escasso e altamente regulado comércio entre o Japão e a Europa. Produtos de alta tecnologia para o seu tempo, os relógios mecânicos expressavam a sofisticação tecnológica da Europa moderna. Funcionavam à base de uma mola que armazenava energia e o seu fabrico requeria competências altamente qualificadas nas áreas da fundição e da metalurgia. A nova tecnologia permitia que a medição do tempo se emancipasse da luz solar, e deste modo alcançar a uniformidade dos ritmos temporais, não somente de dia, mas de noite também.

---

[1] Este capítulo corresponde à comunicação apresentada pelo Professor Sebastian Conrad na Aula Inaugural do segundo semestre do ano lectivo 2017–2018, do programa de doutoramento em Estudos sobre a Globalização, que se realizou no dia 2 de Março de 2018, na NOVA FCSH. [N. da O.]

[2] Pelos comentários, críticas e sugestões, agradeço muito a Aleida Assmann, Frederick Cooper, Shruti Kapila e Martin Mulsow. O presente trabalho foi desenvolvido no âmbito de uma bolsa da Academy of Korean Studies (KSPS), financiada pelo Governo coreano (MOE) (AKS-2010-DZZ-3103).

No Japão estes produtos europeus tiveram grande procura, ainda que, tal como na Europa, fossem bens de luxo. Somente os senhores feudais (*daimyô*) tinham condições para adquiri-los. Conhecidos por *daimyô tokei*, relógios do soberano, eram sobretudo usados como objetos de prestígio. Mas mesmo quando sobreviviam intactos e sem estragos à longa travessia, o seu uso era substancialmente diferente daquele que tinha sido pensado pelos seus criadores. No período Tokugawa, o Japão seguia um sistema de tempo flexível: dia e noite eram igualmente divididos em unidades de seis horas. Uma «hora» correspondia a um sexto de dia — com o dia a começar ao nascer do Sol (a Hora do Coelho) e a terminar ao pôr-do-sol (a Hora do Galo). A duração efectiva das unidades individuais de tempo variava, portanto, com a época do ano (entre 100 e 158 minutos), o que significava que as «horas» no Verão eram consideravelmente maiores do que no Inverno.

A introdução do relógio mecânico, com toda a sua precisão e regularidade, não alterou significativamente os meios tradicionais de registo do tempo. Muito pelo contrário: em vez de a cosmologia se adaptar, os artesãos japoneses começaram a modificar a tecnologia. Num processo complexo, a roda de balanço — que mantinha a medição consistente do relógio — foi adornada com pesos ajustáveis, passando a ser recalibrada duas vezes por dia com o objectivo de manter as diferenças variáveis entre horas diurnas e noturnas. O relógio ajustava-se também ao regime da hora local com mostradores específicos para cada estação. Os japoneses fizeram assim o que puderam para reverter a promessa de emancipação dos ciclos da natureza trazida pelo relógio.[3]

Duzentos anos depois, a situação tinha-se alterado radicalmente. A retórica sobre os tempos de mudança já não era apenas metafórica quando no final do século XIX o Japão, pressionado pelos Estados Unidos, começou a abrir as portas ao comércio ao pôr em prática reformas substanciais. A Restauração Meiji simboliza o início da adaptação social aos «tempos modernos». O relógio, símbolo da modernidade, passou a adornar edifícios parlamentares, tribunais, portões de fábricas e escolas.

[3] Tsunoyama Sakai, *Tokei no shakaishi* (Tokyo, 1984); Sawada Taira, *Wadokei: Edo no haiteku gijutsu* (Tóquio, 1996). Sobre o registo do tempo durante o período Tokugawa, veja-se também Yulia Frumer, «Translating Time: Habits of Western-Style Timekeeping in Late Edo Japan», *Technology and Culture*, 55 (2014), 785–820.

Todos os anos o imperador japonês oferecia um relógio de bolso de prata ao melhor estudante da Universidade de Tóquio. No final da era Meiji o Japão tinha mais de vinte fábricas que produziam cerca de 3,8 milhões de relógios por ano. Por outro lado, a reordenação do tempo não se limitou à adopção de relógios. Algumas das primeiras medidas do jovem governo Meiji incluíram a abolição do sistema luni-solar e a adopção do calendário gregoriano, em 1873.[4] O calendário não alterou apenas alterou a identificação do ano e dos dias ausentes nos anos bissextos, teve também um profundo impacto na vida quotidiana ao desligar o tempo da cosmologia, transformando assim o que antes eram momentos auspiciosos e inauspiciosos numa série de dias neutros. Relógios, horários, calendários e horas de trabalho fixas foram ingredientes cruciais da «sociedade metronómica» que se começou a desenvolver no Japão e noutras partes do mundo no final do século XIX.[5]

Como podemos explicar desfechos tão diferentes para estes dois episódios? No século XVIII, a tecnologia europeia foi modificada para servir as cosmologias locais. No final do século XIX, o inverso: a importação de relógios e calendários desencadeou um ajustamento radical da ordem temporal. Por que razão o uso japonês do tempo se alterou e por que é que tal só acontece na década de 1870? Como é que essa mudança se relaciona com a apropriação de relógios e temporalidades ocidentais? Investigar estas questões permitir-nos-á compreender a lógica que impulsionou o surgimento de um regime global do tempo no século XIX; em linhas mais gerais, compreender uma mudança cultural

[4] Okada Yoshirō, *Meiji kaireki: «Toki» no bunmei kaika* (Tóquio, 1994); Stefan Tanaka, *New Times in Modern Japan* (Princeton, NJ, 2004); Florian Coulmas, *Japanische Zeiten: Eine Ethnographie der Vergänglichkeit* (Reinbek, 2000); Nishimoto Ikuko, «The "Civilization" of Time: Japan and the Adoption of the Western Time System», *Time and Society*, 6 (1997): 237–59; Tsunoyama Sakae, Jikan kakumei (Tóquio, 1998).

[5] Tanaka, *New Times*. Veja-se também Hashimoto Takehiko e Kuriyama Shigehisa, orgs., *Chikoku no tanjō: Kindai Nihon ni okeru jikan ishiki no keisei* (Tóquio, 2001); Nishimoto Ikuko, *Jikan ishiki no kindai: «Toki wa kane nari» no shakaishi* (Tóquio, 2006); Narita Ryūichi, «Jikan no kindai: Kokumin kokka no jikan», *in* Ōtsuka Shinichi, org., *Kindai chi no seiritsu: Kindai Nihon no bunkashi*, vol. 3 (Tóquio, 2002), 1–51. O termo «sociedade metronómica» foi apropriado de Michael Young, *The Metronomic Society: Natural Rhythms and Human Timetables* (Cambridge, MA, 1988).

num contexto global. Neste ensaio, irei apresentar uma visão geral do que foi a revolução do tempo no século XIX com base numa série de estudos sobre várias partes do mundo. O meu objectivo é também o de desafiar o culturalismo que predomina nas actuais tendências de escrever a história global da vida intelectual.[6]

Os historiadores globais[7] estão ainda longe de poder orientar-nos em questões como as levantadas nesta introdução. Isto porque o global é demasiadas vezes equiparado com «conectividade» na historiografia atual.[8] Na tentativa de se distanciarem das macro-comparações da antiga tradição da história mundial, os novos entusiastas da história global encontraram nas conexões a sua nova fórmula mágica.[9] «O interesse central do historiador global é, ou devia ser, a história da "conexão"», escreve John Darwin, resumindo o credo largamente aceite.[10] Tais formulações são, porém, enganadoras. Sugerem que os principais motores da integração global são as transferências e conexões — quando, como os exemplos acima ilustram, transferências semelhantes podem ter resultados muito diferentes, os quais podem não ser suficientemente esclarecidos se atendermos apenas às conexões.

---

[6] Samuel Moyn, «Imaginary Intellectual History», *in* Darrin M. McMahon e Samuel Moyn, orgs., *Rethinking Modern European Intellectual History* (Oxford, 2014), 112–30.

[7] No original, *global historians*. O autor invoca aqui a geração de historiadores que nos últimos anos tem procurado abordar o passado de uma perspectiva global. [N. d. T.]

[8] Um balanço recente da abordagem da história global pode ser encontrado em Jerry H. Bentley, org., *The Oxford Handbook of World History* (Oxford, 2011); Douglas Northrop, org., *A Companion to World History* (Oxford, 2012); Sebastian Conrad, *Globalgeschichte: Eine Einführung* (Munique, 2013); Lynn Hunt, *Writing History in the Global Era* (Nova Iorque, 2014); Diego Olstein, *Thinking History Globally* (Nova Iorque, 2014).

[9] Para abordagens que enfatizam o papel das conexões, veja-se Michel Espagne, «Sur les limites du comparatisme en histoire culturelle», *Genèses: Sciences Sociales et Histoire*, 17 (1994), 112–21; Michael Werner e Bénédicte Zimmermann, «Beyond Comparison: Histoire Croisée and the Challenge of Reflexivity», *History & Theory*, 45 (2006), 30–50; Pierre-Yves Saunier, *Transnational History* (Basingstoke, 2013); Sanjay Subrahmanyam, «Connected Histories. Toward a Reconfiguration of Early Modern Eurasia», *in* Victor B. Lieberman, org., *Beyond Binary Histories: Reimagining Eurasia to c. 1830* (Ann Arbor, MI, 1997), 289–315.

[10] John Darwin, «Globe and Empire», *in* Maxine Berg, org., *Writing the History of the Global: Challenges for the 21st Century* (Oxford, 2013), 197–200, *at* 198.

Esta preocupação com a conectividade é particularmente evidente nas histórias culturais e intelectuais que seguem uma agenda global. Neste campo a mudança cultural é geralmente entendida como resultado de transferências culturais. À primeira vista esta pode parecer uma suposição razoável: afinal, esperamos que os historiadores culturais e intelectuais se interessem por textos e ideias que cruzem fronteiras, influenciem sociedades diferentes e sejam apropriados por actores locais. Mas o que se perde nesta abordagem é que raramente a mudança cultural resulta de interacções culturais apenas. Como discutirei, a história das transferências deve estar ela própria enraizada em contextos políticos e sociais mais alargados. Muitas vezes, as conexões são acima de tudo indicadores de que os actores históricos experimentaram desafios semelhantes e responderam a eles de forma relacionada. É necessário, portanto, localizar o «global», não tanto nas transferências e interacções culturais, mas nas condições e estruturas de poder que tornaram essas transferências possíveis em primeiro lugar.[11]

De facto, enquanto as mudanças culturais e intelectuais forem explicadas com base nas transferências culturais, os historiadores sentir-se-ão inclinados a construir narrativas eivadas de preconceito difusionista. O difusionismo, por outras palavras, é um efeito que decorre do facto de considerar a transferência cultural como principal causa da mudança cultural. Muitas obras continuam a traçar o impacto de pensadores importantes, das grandes ideias e de textos de referência. Num estudo muito conhecido, David Armitage, por exemplo, descreve o trajecto global da Declaração de Independência dos Estados Unidos da América como um «surto de contágio de soberania», como uma autêntica «pandemia» que irradiava para o exterior, desencadeando e influenciando dezenas de declarações semelhantes em todo o mundo.[12] Mesmo historiadores menos optimistas relativamente aos efeitos de tais

---

[11] Para uma abordagem à história global que privilegia o conceito de integração em detrimento das conexões, veja-se Sebastian Conrad, *What is Global History?* (Princeton, NJ, 2016), 62–114.

[12] David Armitage, *The Declaration of Independence: A Global History* (Cambridge, MA, 2007), 103. Para uma refutação precoce das abordagens difusionistas, veja-se J. M. Blaut, *The Colonizer's Model of the World: Geographic Diffusionism and Eurocentric History* (Nova Iorque, 1993).

transferências, e que pelo contrário insistem na potencial substituição de valores e normas culturais, acabam por trabalhar essencialmente dentro de um quadro difusionista.[13] Os estudos de tradução, por seu lado, têm-se centrado nas modificações a que as ideias e os conceitos estão sujeitos durante o processo de transferência. Mas, em última análise, todas essas abordagens partilham a mesma preocupação com o emissor — na gíria da teoria da comunicação.[14]

Reduzir a mudança cultural aos efeitos da transferência cultural tem sido também prática dominante nos estudos sobre a noção de tempo. A maior parte dos historiadores tem interpretado a ascensão do regime global do tempo como um processo de disseminação de um tempo vazio, «desencantado», preciso e progressivo que veio substituir contextos e cosmologias localmente específicos. Este processo tem sido destacado como a libertação das práticas sociais em relação a crenças supersticiosas, como a introdução de formas mais precisas e fiáveis de marcação do tempo, e, finalmente, como sinal de «abertura» cultural de uma sociedade.[15] Por outro lado, tem sido também fortemente criticado enquanto imposição, consequência de um imperialismo cultural, que oblitera modos tradicionais de medição e experimentação do tempo.[16]

---

[13] As interpretações mais influentes nesse sentido foram formuladas no contexto dos estudos pós-coloniais. Veja-se, por exemplo, Bernard Cohn, *Colonialism and its Forms of Knowledge* (Princeton, 1996); Nicholas Dirks, *Castes of Mind: Colonialism and the Making of Modern India* (Princeton, NJ, 2001).

[14] Sobre os avanços recentes nos estudos de tradução, veja-se Tejaswini Niranjana, *Siting Translation: History, Post-Structuralism, and the Colonial Context* (Berkeley, CA, 1992); Lydia Liu, *Translingual Practice* (Stanford, CA, 1995); Michael Cronin, *Translation and Globalization* (Londres, 2003); Doris Bachmann-Medick, «The Translational Turn», *Translation Studies*, 2 (2009), 2–16.

[15] Esta interpretação clássica pode ser encontrada em David Landes, *Revolution in Time: Clocks and the Making of the Modern World* (Cambridge, MA, 1983). Para uma leitura crítica da noção de «abertura», veja-se Sho Konishi, «Reopening the "Opening of Japan": A Russian-Japanese Revolutionary Encounter and the Vision of Anarchist Progress», *American Historical Review*, 112 (2007), 101–30.

[16] Tanaka, *New Times;* Prasenjit Duara, *Rescuing History from the Nation: Questioning Narratives of Modern China* (Chicago, 1995); Vinay Lal, *The History of History: Politics and Scholarship in Modern India* (Nova Deli, 2003); Giordano Nanni, *The Colonisation of Time: Ritual, Routine and Resistance in the British Empire* (Manchester, 2012).

Em ambos os casos, o paradigma predominante atribuiu a transformação cultural a articulações culturais.

A tónica do presente trabalho, pelo contrário, recai nos contextos globais e nas estratégias de resposta a estes desenhadas pelos atores locais. No caso do Japão, os escassos contactos que tinham permitido à Companhia Holandesa das Índias Orientais explorar os circuitos comerciais regionais deram lugar, nos anos de 1870, a um mercado mundial capitalista, cada vez mais integrado. O imperialismo europeu começou a deixar o seu rastro na Ásia Oriental e as pressões internacionais sobre as elites japonesas tornaram-se mais prementes. Nesse contexto, os processos de industrialização e construção da nação acabaram por transformar o local de trabalho e as práticas sociais em geral. Foi a realidade social em mudança do período Meiji que deu origem à reivindicação generalizada de «mudar os tempos».[17]

A adopção de relógios e calendários foi, portanto, o trabalho de actores históricos para os quais pensar em termos de um tempo vazio, preciso e progressivo era cada vez mais necessário. A mudança foi alimentada por vários grupos sociais, desde burocratas imperialistas a trabalhadores de fábricas, que usaram a noção emergente de tempo para fazer valer as suas reivindicações particulares. Como veremos, esta atenção aos actores permite também compreender por que não foi absoluta a vitória do novo regime temporal. E se bem que o tempo unificado e linear tenha emergido rapidamente como a mais apelativa moeda, outros registos temporais subsistiram, não como restos do passado, mas como recursos que podiam ser empregados estrategicamente.[18]

---

[17] Sobre os balanços recentes do período Meiji, veja-se Helen Hardacre and Adam Lewis Kern, orgs., *New Directions in the Study of Meiji Japan* (Leiden, 1997); Andrew Gordon, *A Modern History of Japan* (Oxford, 2002); Janine T. Sawada, *Practical Pursuits: Religion, Politics, and Personal Cultivation in Nineteenth-Century Japan* (Honolulu, 2004); Richard M. Reitan, *Making a Moral Society: Ethics and the State in Meiji Japan* (Honolulu, 2009).

[18] Esta abordagem baseia-se em trabalhos recentes no âmbito da história global da cultura e das ideias, como Samuel Moyn e Andrew Sartori, «Approaches to Global Intellectual History», *in* Moyn & Sartori, orgs., *Global Intellectual History* (Nova Iorque, 2013). Veja-se também, Rebecca E. Karl, *Staging the World: Chinese Nationalism at the Turn of the Twentieth Century* (Durham, NC, 2002); Christopher L. Hill, *National History and the World of Nations: Capital, State, and the Rhetoric of*

Nos últimos anos do século XIX, observadores e comentadores começaram a retratar a sua época como o século do tempo. Nas obras dos grandes autores e pensadores deste período a preocupação com o tempo é omnipresente. O filósofo chinês e reformador político Kang Youwei criou um novo calendário que começava no ano de 1900 e tinha como objectivo marcar o início de um império mundial.[19] De Kierkegaard e Nietzsche às obras de Einstein, ou ao *Em Busca do Tempo Perdido* de Proust, rapidamente o envolvimento com a dinâmica temporal se tornou uma obsessão.[20]

Tendo emergido como uma interpretação padrão, o regime moderno do tempo tinha cortado a ligação entre tempo e natureza, e libertado o tempo das amarras cosmológicas das diferentes formas de religiosidade. A duração desigual de uma hora consoante a estação; a medição do tempo com base na localização do Sol e da Lua; a fé na continuidade histórica, admitindo que todas as coisas novas eram meras retomas do passado; e a integração do tempo em contextos culturais locais, frequentemente contextos religiosos — todos estes aspectos foram desafiados pela nova concepção de tempo.[21] Obviamente, nem tudo nesta

---

History in Japan, France, and the United States (Durham, NC, 2008); Andrew Sartori, *Bengal in Global Concept History: Culturalism in the Age of Capital* (Chicago, 2008); Sugata Bose e Kris Manjapra, orgs., *Cosmopolitan Thought Zones: South Asia and the Global Circulation of Ideas* (Nova Iorque, 2010); Andrew Zimmerman, *Alabama in Africa: Booker T. Washington, the German Empire, and the Globalization of the New South* (Princeton, 2010); Sebastian Conrad, «Enlightenment in Global History: A Historiographical Critique», *American Historical Review*, 117 (2012), 999–1027.

[19] Jürgen Osterhammel e Niels P. Petersson, «Ostasiens Jahrhundertwende: Unterwerfung und Erneuerung in west-östliche Sichtweisen», *in* Ute Frevert, org., *Das Neue Jahrhundert: Europäische Zeitdiagnosen und Zukunftsentwürfe um 1900* (Göttingen, 2000), 265–306. Veja-se também Kung-chuan Hsiao, *A Modern China and a New World: K'ang Yu-wei, Reformer and Utopian, 1858–1927* (Seattle, 1975).

[20] Sobre a obsessão pós-moderna com o tempo, veja-se Peter Galison, *Einstein's Clocks, Poincaré's Maps: Empires of Time* (Nova Iorque, 2004). Veja-se também Peter Osborne, *The Politics of Time: Modernity and Avant-Garde* (Londres, 1995).

[21] Exemplos de histórias profundas do tempo são Anthony Aveni, *Empires of Time: Calendar, Clocks, and Cultures* (Nova Iorque, 1989); William Gallois, *Time, Religion and History* (Londres, 2007). Veja-se também D. Owen Hughes e Thomas R. Trautmann, orgs., *Time: Histories and Ethnologies* (Ann Arbor, 1995); Eviatar

concepção era novo, alguns aspectos remetendo para uma história mais antiga. Foi a noção de tempo vazio e uniforme que muitos observadores consideraram como particularmente nova. O tempo passava assim a ser concebido como uma flecha que se movia irreversivelmente em direcção ao futuro, de forma linear, preenchendo efectivamente o seu suposto vazio com expectativas de progresso. As repercussões nas noções de passado e futuro foram imediatas. Se os eventos históricos deixavam de ser interpretados como replicáveis, ou como um espelho com instruções para desafios futuros, o futuro esse passava a ser percepcionado como inerentemente diferente do passado.[22] Foi este o regime temporal que dominou durante os séculos XIX e XX. Só recentemente esta fixação no futuro foi novamente colocada em causa, com o crescimento da cultura comemorativa e o *boom* da indústria do património cultural.[23]

Podemos olhar para esta revolução temporal a quatro níveis diferentes: padronização, sincronicidade global, tempo progressivo e tempo profundo. Na pesquisa académica estes níveis tendem a ser tratados separadamente por quatro historiografias diferentes que dão pouca atenção aos cruzamentos entre eles. Geralmente, os historiadores dos Estados-nação têm analisado a padronização da medição do tempo como instrumento de construção da nação; os que trabalham no campo da história global desenvolveram recentemente um interesse pelo surgimento do tempo universal; o tempo progressivo tem sido

---

Zerubavel, *Time Maps: Collective Memory and the Social Shape of the Past* (Chicago, 2004); David Wilcox, *The Measure of Times Past. Pre-Newtonian Chronologies and the Rhetoric of Relative Time* (Chicago, 1987); Chun-chieh Huang e Erik Zürcher, orgs., *Time and Space in Chinese Culture* (Leiden, 1995); Barbara Stowasser, *Time Sticks: How Islam and Other Cultures Have Measured Time* (Washington, DC, 2011); Stephen P. Blake, *Time in Early Modern Islam: Calendar, Ceremony, and Chronology in the Safavid, Mughal, and Ottoman Empires* (Cambridge, 2013).

[22] Reinhart Koselleck, *Vergangene Zukunft: Zur Semantik geschichtlicher Zeiten* (Frankfurt, 1979); *Zeitschichten: Studien zur Historik* (Frankfurt, 2000); *The Practice of Conceptual History: Timing History, Spacing Concepts* (Stanford, CA, 2002); Chris Lorenz e Berber Bevernage, org., *Breaking up Time: Negotiating the Borders between Present, Past and Future* (Göttingen, 2013).

[23] François Hartog, *Régimes d'historicité, Présentisme et expériences du temps* (Paris, 2003); Aleida Assmann, *Ist die Zeit aus den Fugen? Aufstieg und Fall des Zeitregimes der Moderne* (Munique, 2013), 281–307.

tema central nos estudos coloniais, enquanto a discussão do tempo profundo tem estado limitada à história disciplinar da geologia. Veremos, no entanto, que foi a partir da interacção entre estas quatro tendências que se operou o trabalho transformador, que viria a ultrapassar os limites das temporalidades familiares. Analisarei as quatro dimensões separadamente para depois argumentar que elas precisam de ser lidas em conjunto se queremos captar plenamente a transformação do tempo como uma revolução global.

Primeiro, foram muitos os Estados que iniciaram projetos alargados de padronização. Nas instituições modernas paradigmáticas o ritmo do tempo foi rigorosamente monitorizado e profundamente integrado nas rotinas diárias. O trabalho fabril, as escolas e as operações militares moldaram normas sociais e imprimiram o novo regime nas nossas vidas e corpos individuais. A proliferação de meios individuais de mensuração do tempo acompanhou esse processo. Em 1800 estavam a ser produzidos aproximadamente 400.000 relógios de bolso por ano, com este número a saltar para mais de 2,5 milhões em 1875.[24]

Porém, a principal causa da padronização do tempo foi a ferrovia. Até ao final do século XIX as cidades regulavam-se geralmente pela hora local. Em 1870, viajar de Washington D.C. para São Francisco implicava reajustar o relógio de bolso 200 vezes. Na viragem do século, o tempo continuou a ser medido em referência ao Sol na maior parte das regiões da China; na Índia, centenas de horas locais competiam entre si; também na Rússia, o tempo variava de cidade para cidade. A partir da década de 1880, as companhias ferroviárias começaram a unificar o tempo. Na medida em que procuraram consolidar o tempo nacional dentro do espaço nacional, estes esforços de homogeneização estavam frequentemente ligados a motivos nacionais e ao interesse de regimes individuais.[25]

---

[24] Landes, *Revolution in Time*; Anthony Aveni, *Empires of Time: Calendars, Clocks, and Cultures* (Londres, 1990).

[25] Stephen Kern, *The Culture of Time and Space 1880–1918* (Cambridge, MA, 1983), 12–14; Wolfgang Schivelbusch, *Die Geschichte der Eisenbahnreise. Zur Industrialisierung von Raum und Zeit im 19. Jahrhundert* (Frankfurt, 1984); Todd S. Presner, *Mobile Modernity: Germans, Jews, Trains* (Nova Iorque, 2007).

Por outro lado, cada vez mais a padronização estava conectada com pontos de referência que emergiam globalmente. A invenção da sincronicidade global é um segundo aspecto da invenção do novo regime temporal. Este novo grau de interligação global, possibilitado pelos avanços das infra-estruturas nesse período, resultou num alinhamento de regimes temporais que transcendeu fronteiras nacionais e continentes. Em 1889, Lord Salisbury dizia triunfalmente que o telégrafo «combinou num único momento as opiniões de todo o mundo inteligente em relação a tudo o que se está a passar no globo».[26]

Ainda mais do que o telégrafo e a imprensa, também a implementação gradual do calendário gregoriano contribuiu para a sincronização do mundo. Os exércitos imperiais adoptaram-no e impuseram o seu uso; e mesmo países fora do domínio imperial — como o Japão (1873), o Egipto (1875), o Sião (1888), a Coreia (1896), a China (1911), a Albânia (1912), a Bulgária (1916), a Rússia (1918) e a Turquia (1918) — adoptaram-no, apesar da resistência local. Nalguns casos as autoridades chegaram mesmo a proibir calendários locais concorrentes — uma medida com potencial para gerar um protesto em massa.[27]

Para além do calendário, a introdução da hora padrão a nível mundial foi o mais importante símbolo neste processo. No debate público a padronização do tempo foi proclamada como garantia da paz mundial. Em 1884, a Prime Meridian Conference em Washington estabeleceu fusos horários individuais e o meridiano principal. A localização do meridiano em Greenwich, Londres, fez aumentar a resistência política contra os esforços de padronização em várias regiões. Em França, os sentimentos anti-britânicos adiaram a implementação do tempo universal para 1911, e sem referência a Greenwich; com o cuidado de preservar o sentimento da especificidade francesa, o novo padrão

---

[26] Kern, *Culture*, 68–70. Sobre a revolução na comunicação que permitiu uma ligação das esferas públicas, veja-se Peter J. Hugill, *Global Communications since 1844: Geopolitics and Technology* (Baltimore, 1999); Daniel R. Headrick, *The Invisible Weapon: Telecommunications and International Politics, 1851–1945* (Oxford, 1991).

[27] Veja-se, por exemplo, Florian Coulmas, *Japanische Zeiten: Eine Ethnografie der Vergänglichkeit* (Reinbek, 2000). Sobre a história do calendário, veja-se Duncan Steel, *Marking Time: The Epic Quest to Invent the Perfect Calendar* (Nova Iorque, 2000).

foi definido como «o tempo de Paris menos nove minutos e vinte e um segundos».[28] A introdução do tempo universal foi um importante ponto de viragem no desenvolvimento das transacções económicas e do mercado de capitais, e também em termos políticos e militares. Mais, é testemunho da globalização da imaginação e de uma esperança pela convergência à escala mundial, que transcendesse fronteiras nacionais e culturais.[29]

Em terceiro lugar, o mundo do século XIX ficou caracterizado pela emergência de uma noção de tempo progressivo e evolutivo. A valorização da novidade teve origem nas rápidas transformações sociais e culturais desencadeadas por uma classe média urbana e foi impulsionada pelas incríveis inovações tecnológicas desse período. Na era das ferrovias e dos combustíveis fósseis já não era compreensível uma «disputa entre o antigo e o moderno», como aquela que tinha ocorrido em Paris na década de 1690 sobre o valor relativo da antiguidade em relação ao presente. «É preciso ser absolutamente moderno», escreveu o autor francês Rimbaud em 1873.[30]

Esta noção de um tempo em desenvolvimento servia a concepção das sociedades modernas, mas era também usada para posicionar as diferentes sociedades do mundo — aspecto resumido na máxima de Hegel, «a Europa é claramente o fim da história mundial, a Ásia o seu começo.»[31] Não há dúvidas de que esta concepção de tempo — que possibilitou transformar diferenças em lacunas temporais e traduzir a diversidade numa linguagem de progresso e atraso — se tornou base

[28] Citado em Vanessa Ogle, «Whose Time Is It? The Pluralization of Time and the Global Condition, 1870s–1940s», *American Historical Review*, 118 (2013): 1376–402.

[29] Kern, *Culture*, 10–14. O melhor livro sobre este tema é Vanessa Ogle, *The Global Transformation of Time 1870–1950* (Cambridge, MA, 2015). Veja-se também Jürgen Osterhammel, *The Transformation of the World: A Global History of the Nineteenth Century* (Princeton, 2014), 67–76. Especificamente sobre a introdução da hora padrão a nível mundial, veja-se Derek Howse, *Greenwich Time and the Discovery of the Longitude* (Oxford, 1980); Ian R. Bartky, *One Time Fits All: The Campaigns for Global Uniformity* (Stanford, 2007).

[30] Arthur Rimbaud, *Une saison en enfer* [1973] (Paris, 1999), 204.

[31] Georg Wilhelm Friedrich Hegel, *Werke in zwanzig Bänden*, vol. 12: *Vorlesungen über die Philosophie der Geschichte* [1840] (Frankfurt, 1970), 134.

ideológica para o colonialismo.[32] As sociedades colonizadas foram relegadas para a «sala de espera da história», enquanto os governantes coloniais, do rei Leopoldo da Bélgica ao presidente dos EUA Woodrow Wilson, iam adiando o reconhecimento da igualdade e da independência prometidas.[33] Mas reduzir a noção de progresso a uma invenção europeia seria no mínimo limitado. Esta é também uma consequência directa de desequilíbrios de poderes geopolíticos em mudança, e deve ser vista como uma reacção global ao desfasamento crescente na capacidade de desenvolver os poderes económico, burocrático e militar. Tendo as sociedades sido expostas à ordem global dominada pela Europa Ocidental, a ideia de progresso seria imediatamente endossada pelas elites reformistas da Síria à Coreia.[34] Para esses grupos a nova concepção de tempo não era estranha, mas manifestamente evidente dadas as pressões das estruturas imperiais e dos mercados em expansão; foi um conceito útil na medida em que ajudou a legitimar as reformas em muitos lugares do mundo. A noção evolutiva de tempo deve, por isso, ser entendida como resultado de hierarquias globais e estruturas geopolíticas assimétricas.

A quarta dimensão da revolução do tempo no século XIX foi a descoberta da *história profunda*. Este aspecto não é praticamente mencionado nas narrativas convencionais e por isso merece especial atenção. Os regimes tradicionais do tempo, baseados numa ideia de ordem sagrada, foram sendo questionados pelo avanço das ciências modernas, da arqueologia à geologia e às teorias da evolução. Em muitas comunidades locais, a fé no tempo cosmológico, incluindo crenças sobre a idade do mundo, o início do tempo e a relação entre passado e presente, começou a atenuar-se. O desafio da história profunda não se limitava às conturbadas comunidades das periferias coloniais, mas era igualmente perceptível nos centros imperiais. Na verdade, a extensão da escala

[32] Johannes Fabian, *Time and the Other. How Anthropology Makes its Object* (Nova Iorque, 1983).

[33] Dipesh Chakrabarty, *Provincializing Europe: Postcolonial Thought and Historical Difference* (Princeton, NJ, 2000), 9.

[34] Albert Hourani, *Arabic Thought in the Liberal Age, 1798–1939* (Cambridge, 1983); Luke S. K. Kwong, «The Rise of the Linear Perspective on History and Time in Late Qing China, c. 1860–1911», *Past & Present*, 173 (2001): 157–90.

temporal revelou-se especialmente desafiante para as sociedades moldadas pelas religiões reveladas — judaísmo, cristianismo e islamismo —, tendo sido muitas vezes recebida com choque. O tempo profundo absorveu o significado cosmológico do tempo sagrado e abriu vastas faixas do passado que até ao momento tinham sido consideradas interditas. Como resultado direto do envolvimento da interligação crescente do mundo do século XIX, estas mudanças revolucionárias foram produto de uma conjuntura global. As suas repercussões foram profundas na medida em que minaram as certezas num tempo sagrado e provocaram um reposicionamento das culturas e sociedades na história mundial.

No mundo islâmico a concepção religiosa de temporalidade foi profundamente afectada pelos achados arqueológicos. Tradicionalmente, as ruínas egípcias antigas tinham desempenhado um papel crucial nas autoconcepções islâmicas, funcionando como advertência para as sociedades que falhassem responder ao chamamento dos deuses. Existia um enorme fosso entre a sociedade pagã dos faraós, considerada agora uma mera curiosidade, e a sociedade contemporânea com as suas raízes na doutrina muçulmana. Por volta de 1822, contudo, essa dicotomia começou a esbater-se. Na sequência da decifração dos hieróglifos egípcios por Jean-François Champollion, escritores como Rifa'a Rafi' al-Tahtawi e 'Ali Mubarak começaram a reexaminar a relação entre a sociedade islâmica contemporânea e o passado pré-islâmico. A antiguidade egípcia foi sendo progressivamente reconfigurada como pré-história da nação moderna. Para Tahtawi, os corpos dos egípcios contemporâneos eram «exatamente aqueles de povos de tempos passados, e a sua disposição apenas uma».[35] Nos anos de 1870 o Egipto antigo passou a fazer parte dos manuais escolares nacionais, transformando o passado num recurso para o presente e servindo os devaneios nacionais a um poderoso império. «Os egípcios foram uma importante nação expansionista, que prosseguiu com o seu império na linha do que fazem hoje as mais modernas formas de colonialismo europeu», brincava o jornalista Ahmad Lufti al-Sayyid na viragem do século.[36] Além disso, o lugar privilegiado que a religião ocupava no período faraónico — «Sabe-se que os egípcios foram

---

[35] Hourani, *Arabic Thought in the Liberal Age*, 79.

[36] Elliott Colla, *Conflicted Antiquities: Egyptology, Egyptomania, Egyptian Modernity* (Durham, NC, 2007), 148.

extremamente avançados no que diz respeito à divindade» — parecia antecipar a chegada do Islão.[37] O fosso entre o passado pagão e a história sagrada do Islão era agora substituído por uma noção de continuidade profunda.

Também na Europa cristã a descoberta da história profunda significou uma ruptura decisiva. Desde a Antiguidade que o relato bíblico da criação e do dilúvio se mantinha como o quadro que dotava a história de sentido. O Grande Dilúvio, que Vico calculou ter ocorrido em 1656 a.C., marcava o início da história. A extrema destruição por ele causada, com rompimento de todas as conexões com a história ante-diluviana, tinha reiniciado o relógio histórico. Para os historiadores europeus que trabalhavam no âmbito do Antigo Testamento, a história anterior à catástrofe diluvial era tida como inacessível.[38]

A influência da cronologia bíblica durante o século XIX é conhecida.[39] Com base nela os europeus desacreditaram cronologias históricas mais antigas, da Índia, do Egipto antigo e da China, as quais descreveram como mitos ou puras construções. As quatro épocas (*yugas*) apresentadas nas *Leis de Manu* hindus avançavam um passado com 12.000 anos divinos que corresponderiam a 4,3 milhões de anos humanos — hipótese considerada absurda para os europeus da altura, mas não muito longe da perspectiva atual. «As nações rudes parecem retirar uma estranha satisfação de pretensões sobre uma antiguidade remota», escreveu James Mill na *História da Índia Britânica,* em 1818: «Com a vaidade pretensiosa e túrgida que lhes é característica, as nações orientais têm quase sempre sido muito extravagantes nas suas reivindicações.»[40] As palavras de Mill podem parecer somente expressões da superioridade

---

[37] Abu al-Su'ud, citado *in* Colla, *Conflicted Antiquities*, 129. Veja-se também Wendy M. K. Shaw, *Possessors and Possessed: Objects, Museums, and the Visualization of History in the Late Ottoman Empire* (Berkeley, CA, 2003).

[38] Veja-se Paolo Rossi, *The Dark Abyss of Time: The History of the Earth and the History of Nations from Hooke to Vico* (Chicago, 1984); Daniel Lord Smail, «In the Grip of Sacred History», *American Historical Review*, 110 (2005): 1336–361.

[39] Veja-se Daniel Rosenberg and Anthony Grafton, *Cartographies of Time: A History of the Timeline* (Nova Iorque, 2010).

[40] Thomas R. Trautmann, «Indian Time, European Time», *in* Trautmann, *The Clash of Chronologies: Ancient India in the Modern World* (Nova Deli, 2009), 25–52, at 32. Sobre Mill, veja-se Javed Majeed, *Ungoverned Imaginings: James Mill's «The History*

colonial ocidental e dos conceitos de tradição cristã. Num sentido mais lato, porém, são emblemáticas da cosmologia de curto prazo partilhada pelos chamados Povos do Livro. Neste sentido, Mill não foi mais do que um moderno al Biruni, o erudito iraniano que no século XI esteve entre os primeiros críticos da história profunda hindu (e da sua incapacidade para explicar a criação).[41]

Na Europa as primeiras dúvidas sobre a abordagem histórica dominante surgiram no século XVII. Este cepticismo resultou do conhecimento acumulado sobre outras sociedades e foi, portanto, um subproduto da densidade crescente das redes globais. Os relatórios dos missionários jesuítas deram um contributo importante, neles se indicava que os anais chineses documentavam a ocorrência de eventos até 600 anos antes do Grande Dilúvio.[42] Também o aumento do conhecimento sobre as civilizações suméria e egípcia alimentou dúvidas. Mais, os geólogos, arqueólogos e evolucionistas começaram a atacar a percepção histórica tradicional. 1859 tornou-se um momento fundacional do novo regime temporal. As escavações realizadas na cidade inglesa de Brixham provaram que os seres humanos tinham vivido durante a Idade da Pedra, e *A Origem das Espécies* de Charles Darwin traçava uma história humana até à pré-história. Ao assumir que a evolução tinha ocorrido num intervalo de mais de 300 milhões de anos, o trabalho de Darwin estendia-se no tempo muito mais do que a mitologia hindu. A interpretação histórica tradicional era assim posta de lado. Stephen Jay Gould descreve a descoberta do tempo geológico como uma revolução cosmológica, em alcance comparável à revolução coperniciana.[43]

A transformação global do regime temporal resultou da intersecção destas quatro dimensões. À primeira vista podem parecer fenómenos não

---

of British India» and Orientalism (Oxford, 1992); Lynn Zastoupil, *John Stuart Mill and India* (Stanford, CA, 1994).

[41] Trautmann, «Indian Time, European Time».

[42] Veja-se Edwin Van Kley, «Europe's "Discovery" of China and the Writing of World History», *American Historical Review*, 76 (1971): 358–85.

[43] Stephen Jay Gould, *Time's Arrow, Time's Cycle: Myth and Metaphor in the Discovery of Geological Time* (Cambridge, MA 1987); Martin J.S. Rudwick, *Worlds Before Adam: The Reconstruction of Geohistory in the Age of Reform* (Chicago, 2008).

relacionados: relógios e tempo vazio por um lado, e progresso e história por outro. Podemos mesmo ser levados a crer que foram governados por lógicas diferentes. A preocupação com os relógios, a pontualidade e a disciplina temporal, a padronização dos calendários e dos fusos horários, tudo isso concorreu para a sincronização do mundo. Em contraste, a descoberta da história e a noção de tempo progressivo fizeram retroceder essa sincronicidade, e introduziram diferenças temporais ao distinguirem entre sociedades avançadas e atrasadas.

Esta oposição binária é, no entanto, forçosamente esquemática na medida em que anula a considerável sobreposição entre as duas temporalidades. A sincronicidade possibilitou — e em grande parte obrigou — que indivíduos e sociedades se comparassem entre si. A estratégia preferida foi o escalonamento das sociedades ao longo de estádios de desenvolvimento. A sincronicidade foi assim estruturada de uma forma hierárquica, espelhando minuciosamente as assimetrias de poder da época, que por sua vez sustentou ideologicamente.

No sistema global das hierarquias civilizacionais, pontualidade e história eram duas faces da mesma moeda. Ser pontual, trabalhar com relógio e não desperdiçar recursos temporais era sinónimo de civilização, e os agentes do colonialismo tornaram-se missionários do relógio. «Informo que hoje desempacotámos o nosso relógio e parecemos um pouco mais civilizados», relatava orgulhosamente Emily Moffat, nora do conhecido missionário britânico Robert Moffat, em 1861, de Matabeleland, hoje Zimbábue: «Por alguns meses vivemos sem qualquer instrumento de mensuração do tempo. O cronómetro do John e o meu relógio falharam, e nós perdemos o tempo e fomos lançados para a eternidade. Mas é muito agradável ouvir "tic tic tic" e "ding ding".»[44]

[44] Citado em Nanni, *The Colonisation of Time*, 25. Veja-se também Jean Comaroff, «Missionaries and Mechanical Clocks: An Essay on Religion and History in South Africa», *The Journal of Religion*, 71 (1991): 1–17.

FIGURA 1
Impressão em blocos de madeira por Kawanabe Kyōsai

Uma gravura japonesa do artista Kawanabe Kyōsai, dos anos de 1870, ilustra bem a interacção entre o tempo do relógio, o tempo progressivo e o tempo profundo. Nela estão representados os três tipos de Japão na primeira fase da era Meiji: à direita, um samurai em trajes tradicionais; no meio, um homem com vários elementos de vestuário ocidental, como guarda-chuva, boné e sapatos; à esquerda, o protótipo do cavalheiro iluminado, com cartola, bengala e cão. O que pode parecer uma descrição de um encontro casual deve na realidade ser entendido como a representação das hierarquias do tempo no final do século XIX. Os três homens — encarnações da tipologia civilizado--semidesenvolvido-primitivo, tornadas famosas pelo contemporâneo de Kawanabe, o filósofo Fukuzawa Yukichi — representam a lógica da história desenvolvimentista. A figura central é o homem do meio.

Na mão segura um relógio de bolso pronto para medir o tempo na era da pontualidade. O relógio — poderoso símbolo do medo de que pudesse ser tarde demais para o Japão — desperta particular interesse no cão. Na sua pose erecta, o cão representa a narrativa darwiniana da evolução, a continuidade entre o tempo profundo e o presente. A imagem sugere que se o Japão se modernizasse tarde demais poderia voltar a um estado igual ao dos animais. Relógio, progresso e um tempo profundo que conecta o homem à história natural encontram-se nesta alegoria da temporalidade moderna. O tempo emergia assim numa linguagem que relacionava o indivíduo com a nação e ao mundo em geral, tornando possível posicionar globalmente indivíduos e sociedades.[45]

Padronização, sincronização global, progresso e tempo profundo: a transformação dos regimes temporais foi uma resposta a, e um produto de níveis de integração global sem precedentes. Onde é que tudo começou? Na altura muitos contemporâneos acreditaram que estavam perante um processo de europeização, entendimento que foi seguido pela maior parte dos historiadores. Oswald Spengler, por exemplo, interpretou o relógio como símbolo único da cultura europeia: «Em toda a terra se podem ouvir os sinos de milhares de torres, dia e noite. É impossível imaginar o homem ocidental [...] sem a mais precisa medida do tempo.»[46] Também fora da Europa, as noções inovadoras de tempo eram frequentemente percebidas não como «novas», mas como «ocidentais». No Império Otomano, por exemplo, medir as horas sem referência ao Sol não era designado por moderno, mas por europeu, ou *alafranga*.

Visto desta forma, os novos tempos têm sido frequentemente interpretados como a substituição de uma ordem cosmológica existente. As novas temporalidades são apresentadas como a importação de uma cultura estrangeira incompatível com a original, senão mesmo como

---

[45] Descobri esta gravura japonesa em Christian Uhl, «Translation and Time: A Memento of the Curvature of the Poststructuralist Plane», *Frontier of Literary Studies in China*, 6 (2012), 449–450; a leitura que faço da gravura segue, também, a interpretação de Uhl.

[46] Oswald Spengler, *Der Untergang des Abendlandes. Umrisse einer Morphologie der Weltgeschichte* (Munique, 1998), 175.

«genocídio cultural».[47] E, todavia, um breve olhar sobre a experiência social do tempo revela o quão insustentável é a simplista tese da ocidentalização. Foi de forma semelhante que a novidade do novo regime do tempo foi sentida na Europa e nos Estados Unidos. O sentimento de ruptura não foi tão diferente em Paris ou Filadélfia do que foi na Batávia ou em Ispaão. Seria, portanto, enganador falar de um regime ocidental do tempo, quando este era necessariamente percepcionado como estrangeiro, fosse onde fosse. Na verdade, também no Ocidente ele era estranho e misterioso. Nos Estados Unidos e na Europa, as concepções de tempo associadas à luz do dia sobreviveram até ao século XIX. Quando o famoso relojoeiro Eli Terry construiu um relógio para o município de New Haven, em 1825, o seu relógio regular, livre dos ritmos solares, foi acolhido com uma série de protestos públicos. «Certamente que é um esquema novo ter um relógio numa cidade para dizer ao povo o que o tempo *não* é», exclamou um enfurecido leitor do *Connecticut Journal* de New Haven: «Um relógio público que diz a verdade apenas quatro vezes por ano parece-se mais com um incómodo público.» A preferência popular por uma concepção «natural» de tempo ainda estava bem viva.[48]

Também a ideia de história progressiva colocou um importante desafio cognitivo — assim como a descoberta do tempo profundo, como vimos. Em todo o mundo as pessoas comentavam a sua confusão e o sentimento de terem sido catapultadas para uma nova era em que os laços com o passado tinham sido cortados. O escritor indiano Bankim Chatterji (1838–94) observou que tudo o que ele e os seus colegas romancistas escreviam «teria sido incompreensível para as gerações anteriores por mais que se tentasse traduzi-lo».[49] Mais uma vez, podemos ver reacções semelhantes na Europa. «É muito desagradável», Goethe fez

---

[47] Este termo é usado por Vinay Lal para referir a chegada do pensamento histórico «ocidental» ao Sul da Ásia. Veja-se Vinay Lal, «Provincializing the West: World History from the Perspective of Indian History», *in* Eckhardt Fuchs e Benedikt Stuchtey, orgs., *Writing World History 1800–2000* (Oxford, 2003), 271–89, *at* 289.

[48] Michael O'Malley, *Keeping Watch: A History of American Time* (Nova Iorque, 1990), 4. Agradeço a Norbert Finzsch por me orientar para este episódio.

[49] Tapan Raychaudhuri, *Perceptions, Emotions, Sensibilities: Essays on India's Colonial and Post-colonial Experiences* (Nova Deli, 1999), 26.

exclamar Eduard, o protagonista do seu romance *As Afinidades Electivas* (1809), «que hoje em dia não se possa aprender uma coisa e ponto final. Os nossos antepassados puderam agarrar-se ao que lhes foi ensinado quando eram jovens; nós, de cinco em cinco anos, temos de fazer revoluções, se não queremos sair de moda».[50]

Deste longo período de transição sobreviveram inúmeros testemunhos que evidenciam um processo de substituição doloroso. O escritor francês François-René de Chateaubriand, por exemplo, confessou nas suas memórias, no final dos anos de 1840, que se via «entre dois séculos, no encontro de dois rios, deixando, infelizmente, a margem onde nasci para trás e nadando com esperança até à margem desconhecida».[51] O choque do novo foi tão palpável na Europa e nos Estados Unidos como em qualquer outro sítio. Se houve diferença nas localidades não-ocidentais, foi porque nestas o processo chegou precipitadamente, reduzindo radicalmente o período de transição. Enquanto os europeus viveram gradualmente a chegada do novo regime temporal, em muitas sociedades não-ocidentais a mudança veio de supetão.

A revolução do tempo situou-se na confluência de grandes transformações estruturais que afectaram as sociedades em todo o mundo.[52] Entre estas conta-se a revolução tecnológica que facilitou a precisão na medição do tempo e a sincronização do mundo. O novo

---

[50] Johann Wolfgang von Goethe, *Die Wahlverwandtschaften*, *in Werke*, vol. 6, org. Erich Trunz (Munique, 1982), 270. Na versão inglesa, Johann Wolfgang von Goethe, *Elective Affinities* (Boston, 1872), 37. Obra editada também em língua portuguesa: Johann Wolfgang von Goethe, *As Afinidades Electivas*, Editora Bertrand (Lisboa, 2017).

[51] Citado em Göran Blix, «Charting the "Transitional Period": The Emergence of Modern Time in the Nineteenth Century», *History and Theory*, 45 (2006), 51–71, *at* 58–59.

[52] Para interpretações sobre integração global simultânea e produção da diferença no século XIX veja-se Michael Geyer e Charles Bright, «World History in a Global Age», *American Historical Review*, 100, n.º 4 (1995): 1034–60; Charles S. Maier, «Consigning the Twentieth Century to History: Alternative Narratives for the Modern Era», *American Historical Review*, 105 (2000), 807–31; C. A. Bayly, *The Birth of the Modern World 1780–1914* (Oxford, 2004); Arif Dirlik, *Global Modernity: Modernity in the Age of Global Capitalism* (Boulder, CO, 2007); Jürgen Osterhammel and Niels P. Petersson, *Globalization: A Short History* (Princeton, 2009); Osterhammel, *The Transformation of the World*; Emily S. Rosenberg, org., *A World Connecting, 1870–1945* (Cambridge, MA, 2012).

regime do tempo foi também uma resposta às oportunidades que o moderno sistema de infra-estruturas oferecia: ferrovia, telégrafo, navio a vapor. O regime de pontualidade e aceleração, por exemplo, acabou por ser clarificado pelos novos meios de viagem e comunicação. Viajar em navios a vapor não era só mais confortável, mais rápido e menos caro, mas oferecia uma ideia clara do que eram as novas temporalidades no trabalho. A viagem muçulmana para Meca, realizada por mais de 100.000 pessoas por ano, é um exemplo concreto. «Teologicamente, a peregrinação do *hajj* era a expressão no espaço do tempo sagrado islâmico [...]. Agora relativizava-se este calendário sagrado à medida que a viagem se fazia da consulta dos horários dos navios e comboios.»[53] As viagens em massa também permitiram práticas de comparação, enquadradas numa matriz de progresso e atraso, que muitos viajantes trouxeram para suas casas. No final do século, versões do termo «progresso» começaram a aparecer em muitos idiomas locais, convertendo a reconfiguração do espaço-tempo num vocabulário político.[54]

Mas a revolução do tempo não foi apenas uma obra da tecnologia. A inovação tecnológica interagiu com vários processos de larga escala que afectaram profundamente as sociedades em todo o mundo. O principal foi a transformação capitalista da produção, a emergência do sistema internacional de Estados e o reordenamento imperialista da paisagem geopolítica. Esses processos mudaram as condições sociais em que actores sociais em lugares como o Senegal, o Império Otomano e a Indonésia podiam encarar uma organização política baseada em relógios, pontualidade e progresso como realista, útil e até mesmo inevitável.

---

[53] Nile Green, «The Hajj as its Own Undoing: Infrastructure & Integration on the Muslim Journey to Mecca», *Past & Present*, 226 (2015): 193–226, *at* 221.

[54] Nile Green, «Spacetime and the Muslim Journey West: Industrial Communications in the Making of the "Muslim World"», *American Historical Review*, 118 (2013): 401–29. Ver também Michael Adas, *Machines as the Measure of Men: Science, Technology, and Ideologies of Western Dominance* (Ithaca, NY, 1989); Valeska Huber, *Channelling Mobilities: Migration and Globalisation in the Suez Canal Region and Beyond, 1869–1914* (Cambridge, 2013). Sobre a noção de progresso, veja-se, por exemplo, Serif Mardin, *The Genesis of Young Ottoman Thought: A Study in the Modernization of Turkish Political Ideas* (Nova Iorque, 1962), 350–52; Avner Wishnitzer, *Reading Clocks, alla Turca: Time and Society in the Late Ottoman Empire* (Chicago, 2015), 155–66.

Antes de abordar à vez cada um destes três factores, é importante sublinhar que eles não funcionaram necessariamente como forças homogeneizadoras. Para começar, eram em si mesmos altamente heterogéneos e foram mudando ao longo do tempo. Pense-se, por exemplo, em como o alcance e as tecnologias de domínio eram diferentes na era do alto imperialismo e nos anos de 1830. Em segundo lugar, estes três factores tiveram efeitos também eles diferenciados. O reordenamento da produção no interior de África, por exemplo, funcionou de forma diferente da do capitalismo nas cidades portuárias da Ásia Oriental. Sistema estatal, capitalismo e império: os três ajudaram a sincronizar o mundo de acordo com padrões semelhantes, contribuindo simultaneamente para o surgimento de novas formas de fragmentação e diferenciação. Finalmente, os três processos não funcionaram necessariamente em uníssono. Apesar de todas as sobreposições, que foram substanciais, cada um seguiu uma lógica específica, produzindo regimes temporais parcialmente diferentes, cuja cartografia não se sobrepõe.[55]

Primeiro, o novo regime do tempo foi fundamentalmente o resultado da reorganização capitalista do espaço de trabalho e da ordem económica mundial. As exigências da produção fabril — em parte predefinidas pelo complexo das plantações — inculcaram uma forma de disciplina temporal que, no limite, permitiu aos empregadores calcular os salários não de acordo com a produção, mas com o tempo de trabalho.[56] Gradualmente, os mecanismos de mercadorização estenderam-se para além do mercado e outras relações sociais começaram a ser também orientadas para a medida do tempo. Karl Marx previu «que os homens são anulados pelo seu trabalho; que o pêndulo do relógio se tornou uma medida tão precisa da actividade relativa de dois trabalhadores como da velocidade de duas locomotivas. (...) O tempo é tudo, o homem não

---

[55] Uma perspectiva histórica sobre estas diferentes lógicas encontra-se em Jacques Le Goff, «Merchant's Time and Church's Time in the Middle Ages», *in* Le Goff, *Time, Work, and Culture in the Middle Ages* (Chicago, 1980), 29–42. Para um exemplo contemporâneo, veja-se Elena Esposito, *The Future of Futures: The Time of Money in Financing and Society* (Cheltenham, 2011).

[56] Richard Biernacki, *The Fabrication of Labor: Germany and Britain, 1640–1941* (Berkeley, CA, 1995).

é nada, é no máximo o cadáver do tempo».[57] Gradualmente o tempo foi surgindo como uma forma de moeda que tornava comparáveis e compatíveis as diversas acções sociais. A padronização e a remodelação capitalista fizeram do tempo um mediador que ajudou na negociação entre diferentes locais de experiência social. Desta forma, a disseminação de relógios e hábitos de pontualidade estava intimamente relacionada com a expansão dos mercados capitalistas, as exigências da produção industrial e a incorporação no mercado mundial emergente.[58]

Em segundo lugar, as mudanças na experiência vivida e no significado do tempo foram resultado de uma forte intervenção estatal. Em países com tradição de governos fortes e centralizados como a China, o Japão ou a Rússia, o Estado modernizador e a sua burocracia funcionaram como o principal impulsionador da reforma temporal. Na China, o académico e político Zhang Jian transformou Nantong, no início do século XX, numa cidade-modelo, teatro da modernidade em que todas as instituições que caracterizavam a urbanidade moderna estavam em exposição pública: um museu, um teatro, um cinema, campos desportivos, parques e fábricas com a sua programação rígida de turnos alternados. Em 1899, a primeira torre de relógio foi erguida em Nantong, uma enorme estrutura de pedra com um mostrador romano, símbolo poderoso do novo regime do tempo.[59] No Japão, o governo iniciou campanhas de melhoramento social, em particular no campo, para reformar o uso popular do tempo. A *Exposição do Tempo*, em 1920, teve como objetivo «formar os belos costumes de valorização do tempo (*jikan sonchō*) e da pontualidade (*teiji reikō*) existentes na população, encorajando-a a celebrar um estilo de vida mais disciplinado». Ao mesmo tempo, o governo criou um feriado comemorativo do «Aniversário do Tempo», ainda hoje celebrado.[60]

---

[57] Karl Marx, *The Poverty of Philosophy* (Londres, 1936), 47.

[58] Moishe Postone, *Time, Labor, and Social Domination: A Reinterpretation of Marx's Critical Theory* (Cambridge, 1996), 186–260.

[59] Qin Shao, *Culturing Modernity: The Nantong Model, 1890–1930* (Stanford, 2003). Sobre a adopção de relógios e linearidade, veja-se Kwong, «Rise of the Linear Perspective». Sobre a Rússia soviética, veja-se Stephen Hanson, *Time and Revolution: Marxism and the Design of Soviet Institutions* (Chapel Hill, NC, 1997).

[60] Citado em Katja Schmidtpott, «Die Propagierung moderner Zeitdisziplin in Japan, 1906–1931», *in* Alexander C.T. Geppert e Till Kössler, orgs., *Obsession der Gegenwart: Zeit im 20. Jahrhundert* (Göttingen, 2015), 123–55. Veja-se também Hirade

Contudo, em lado algum a mudança temporal foi uma simples imposição de cima para baixo. Foi também o trabalho de diversos actores históricos que utilizaram a reforma temporal para realizar os seus objectivos estratégicos. A hegemonia do tempo vazio e abstracto foi impulsionada pelas novas classes médias, cujo poder e peso político estavam ligados ao novo regime do tempo. Foi este contexto que deu origem aos activistas do tempo que orquestraram o ambicioso projecto de assimilação do valor económico do tempo e criação de uma força de trabalho diligente. Tais campanhas fizeram parte de um extenso programa de disciplina social que as elites sociais — fosse em Londres, Buenos Aires ou Yogyakarta — usaram para forçar as partes da população que consideravam mais atrasadas a entrar nos eixos de comportamento e produtividade modernos. Praticamente em todo o lado a reforma temporal — nalguns casos, ideologicamente reforçada por movimentos evangélicos ou milenares — surgiu na forma de um ataque a «economias morais» locais e costumes tradicionais, agora ridicularizados pela sua suposta ociosidade e indolência.[61]

Por todo o mundo, os estratos com ambições de mobilidade social abraçaram o regime temporal da precisão, pontualidade e produtividade. Muitas das cidades portuárias do Próximo Oriente, do Sudeste Asiático e da Ásia Oriental foram viveiros virtuais para a assimilação dos novos tempos. Em lugares livres do domínio colonial formal, as novas elites reuniram-se em torno da nova consciência do tempo como medida defensiva. Vários movimentos de autofortalecimento interessaram-se politicamente pela noção de progresso que prometia um caminho livre das dependências existentes. Da mesma forma, os reformadores sociais abraçaram os valores do tempo do relógio moderno. Manifestos populares sobre a consciência moderna do tempo, como *Autoajuda*

Yūko, «"oki no kinenbi" no setsuritsu», *Nihon rekishi* 725 (2008), 69–84. Sobre as campanhas de melhoramento, veja-se Sheldon Garon, *Molding Japanese Minds: The State in Everyday Life* (Princeton, 1997); Narita Ryūichi, «Kindai Nihon no "toki" ishiki», *in* Satō Tsugitaka e Fukui Norihiko, orgs., *Toki no chiikishi*, vol. 6 of *Chiiki no sekaishi* (Tóquio, 1999), 352–85.

[61] A mais conhecida análise sobre esta disciplina social é Edward P. Thompson, «Time, Work-Discipline, and Industrial Capitalism», *Past & Present*, 38 (1967): 56–97. Ver também Thomas C. Smith, «Peasant Time and Factory Time in Japan», *Past & Present*, 111 (1986), 165–97.

de Samuel Smiles e *O Caminho da Riqueza* de Benjamin Franklin, foram por eles traduzidos, com o fim de incutir valores de progresso, economia e disciplina temporal: «Tempo é dinheiro.» O facto de antes da Primeira Guerra Mundial o livro de Smiles ter sido traduzido para 26 idiomas, entre eles árabe, indiano, chinês, marata, turco otomano e japonês, comprova as energias que as classes instruídas investiram no projeto de pedagogia temporal.[62] O calendário gregoriano, as torres do relógio e o relógio de bolso tornaram-se símbolos da vida moderna, também em lugares como Damasco, Manila ou Yokohama. Além desses acessórios exteriores, também os vocabulários, as formas de pensar e organizar começaram a mudar à medida que o tempo se foi tornando uma mercadoria, para ser consumida e acumulada. No mundo árabe, os reformadores locais disseminaram avidamente invectivas contra «matar o tempo» (*qatl al-waqt*), nova entrada no vocabulário social usada para criticar os seus compatriotas que desperdiçavam esse precioso recurso em cafés.[63] «O tempo é um tesouro fugaz», declarou o jornal egípcio *Al-Hilal* em 1895. «Todos sabemos que o tempo é caro, mas gastamo-lo deliberadamente. [...] Valorizamos e salvamos os *dirhams*; infelizmente, somos demasiado generosos com o nosso tempo.»[64]

O terceiro maior factor a ser considerado aqui foi o imperialismo. Com a expansão dos impérios europeus (e logo, americanos e japoneses) e transplantação de estruturas imperiais para as comunidades colonizadas, muita gente foi confrontada com as novas normas temporais. O imperialismo foi, portanto, um motor essencial na realização da revolução temporal do século XIX. Os actores históricos não eram livres nas suas escolhas, e as hierarquias da era imperialista estavam bem enraizadas nas sociedades locais.

---

[62] Benjamin Franklin, «Advice to a Young Tradesman, Written by an Old One», *in* Leonard W. Labaree *et al.*, orgs., *The Papers of Benjamin Franklin*, 41 vols. (New Haven, CT, 1959–2014), 3: 306–8; Samuel Smiles, *Self-Help: With Illustrations of Character and Conduct* (Londres, 1859), 199–200. Sobre a carreira global de Smiles veja-se Ogle, «Whose Time Is It?», 1396–7. Sobre a difusão do texto de Franklin, veja-se Sophus A. Reinert, «The Way to Wealth around the World: Benjamin Franklin and the Globalization of American Capitalism», *American Historical Review*, 120 (2015), 60–97.

[63] Ogle, «Whose Time Is It?», 1398–9.

[64] Citado em On Barak, *On Time: Technology and Temporality in Modern Egypt* (Berkeley, CA, 2013), 11.

A disseminação de uma consciência moderna do tempo foi em grande parte resultado de intervenções directas. As potências coloniais introduziram o calendário gregoriano e sincronizaram as medições do tempo em muitos territórios coloniais. Sob o domínio imperial, manter o domingo livre de trabalho, respeitar os feriados cristãos e mudar do tempo local para a hora mundial eram práticas generalizadas. Os historiadores do colonialismo interpretaram assim o impacto do domínio imperial como resultado de uma transferência cultural. Por este prisma, o novo regime do tempo chegara na forma de uma invasão cosmológica, um «choque de cronologias». Imposto em muitas sociedades do mundo, o tempo linear, vazio e progressivo desencadeara o desaparecimento dos modos indígenas de relacionamento com passado, presente e futuro. O novo regime do tempo tem sido assim visto como essencialmente estrangeiro, como uma ordem cultural largamente incompatível com visões locais do mundo.[65]

Consideremos o caso da escrita da história. A disseminação da historiografia moderna na África e na Ásia tem sido vista como a consequência de uma importação cultural, imposta às sociedades locais pelas potências coloniais. Isto explica por que diversas formas locais de manutenção de registos e escrita da história foram rapidamente consideradas obsoletas, e por que, mesmo nos países asiáticos, com longa tradição historiográfica, os jovens aspirantes a historiadores procurassem aprender o novo ofício nas universidades europeias e estado-unidenses. Segundo esta leitura, o encontro com a história custou sempre o abandono das cosmologias tradicionais.[66] Um caso paradigmático é o da Índia colonial, onde a história escrita enquanto género não tinha surgido até a chegada do domínio inglês. Na sua autolegitimação, o tempo histórico tinha sido basicamente introduzido pelos colonizadores.[67]

---

[65] Thomas R. Trautmann, *The Clash of Chronologies: Ancient India in the Modern World* (Nova Deli, 2009); Nanni, *The Colonisation of Time.*

[66] Stefan Tanaka, *Japan's Orient: Rendering Pasts into History* (Berkeley, CA, 1993); Duara, *Rescuing History from the Nation.* Para uma visão geral sobre a emergência global da escrita moderna da história, veja-se Daniel Woolf, *A Global History of History* (Cambridge, 2011).

[67] Veja-se Sumit Guha, «Speaking Historically: The Changing Voices of Historical Narration in Western India, 1400–1900», *American Historical Review*, 109 (2004):

Por mais apelativa que seja esta leitura, o que ela faz é reduzir o colonialismo ao estatuto de meio de transferências culturais. A chegada do domínio colonial é desta forma igualada à importação de uma cultura estrangeira e incompatível. Ao invés, precisamos de mudar a posição analítica que o império há tanto ocupa nesta história. O que uma leitura da literatura recente sugere é que a emergência do regime moderno do tempo não foi primeiramente resultado de transferências ou conexões, e, portanto, de um imperialismo cultural. Sugere sim que os efeitos do império foram sentidos mais indirectamente. O imperialismo foi, de facto, crucial — mas na medida em que ajudou a reconstruir globalmente as sociedades, desencadeando situações que acabaram por exigir um ajuste de temporalidades.

Quer isto dizer que a adopção da escrita moderna da história não foi tanto uma questão de conversão cultural, influência ou difusão de um modelo europeu. Ter uma história era mais do que ter apenas uma boa ideia. A busca pela história na Índia foi sim desencadeada por transformações sociais radicais. Os membros de uma classe média instruída começaram a exigir reformas sociais, participação política e desenvolvimento económico — uma exigência que correspondia a uma visão da história que combinava a lógica evolutiva e a questão nacional. Nessa busca, pode ter sido útil citar historiadores britânicos como Macaulay, Buckle ou Mills. Mas essas referências devem ser entendidas sobretudo como um efeito de mudança estrutural provocada pelo colonialismo, e não como evidência de uma colonização das mentes. O imperialismo não foi tanto um meio que espalhou conteúdos (não familiares), mas antes um poderoso impulsionador de transformações sociais que por sua vez necessitaram de uma nova cultura do tempo.[68]

1084–103; Velcheru Narayana Rao, David Shulman e Sanjay Subrahmanyam, *Textures of Time: Writing History in South India 1600–1800* (Nova Deli, 2001); Kumkum Chatterjee, *The Cultures of History in Early Modern India: Persianization and Mughal Culture in Bengal* (Oxford, 2009).

[68] Esta abordagem baseia-se nas pistas fornecidas por Christopher L. Hill, «Conceptual Universalization in the Transnational Nineteenth Century», *in* Moyn e Sartori, *Global Intellectual History*, 134–158; Andrew Sartori, *Liberalism in Empire: An Alternative History* (Berkeley, CA, 2014); Moyn e Sartori, «Approaches to Global Intellectual History».

A revolução do tempo foi claramente um projecto muito contestado. Como evangelho, teve os seus missionários, mas nem todos desfrutaram da nova ortodoxia. Os padrões de oposição e protesto foram semelhantes um pouco por todo o lado, fosse na Inglaterra industrializada ou na África rural. Muitas disputas no local de trabalho foram essencialmente conflitos sobre a ordem do tempo. Na África do Sul, por exemplo, os trabalhadores locais insistiam no ciclo da Lua, enquanto os contratos eram assinados mensalmente. Quando os empregadores brancos consideravam as exigências de salários prematuras e inadequadas, os trabalhadores africanos reclamavam a justeza temporal: «A Lua está morta! Dá-nos o nosso dinheiro!» Normas temporais divergentes foram sendo interpretadas por ambos os lados como um desvio da presumida ordem natural. «Não podem compreender que haja mais de 28 dias por mês», comentou um missionário: «É impossível fazê-los crer que existem 31.»[69]

A imposição de regimes do tempo gerou quase sempre formas de oposição em todo o lado; os arquivos estão repletos de evidências da relutância de grupos significativos da população em aceitar as novas normas. Uma das estratégias era a manifestação da não-conformidade com as normas temporais prescritas: a «preguiça» aos olhos das elites dominantes; ou «a sabotagem consciente da máquina colonial», como lhe chamou Frantz Fanon.[70] A história da reforma temporal foi também uma história de rejeição e negação.[71]

Também aqui, porém, temos de nos conter e não interpretar tais conflitos apenas em termos culturais, como um choque de cronotopos incompatíveis.[72] Os actores sociais não eram fantoches num regime

---

[69] Citações em Keletso E. Atkins, *The Moon is Dead! Give Us Our Money! The Cultural Origins of an African Work Ethic, Natal, South Africa, 1843–1900* (Londres, 1993).

[70] Frantz Fanon, *The Wretched of the Earth*, (Nova Iorque, 1963), 239. Veja-se também Syed H. Alatas, *The Myth of the Lazy Native: A Study of the Image of the Malayas, Filipinos and Javanese from the 16th to the 20th Century and its Function in the Ideology of Colonial Capitalism* (Londres, 1977).

[71] Alguns exemplos elucidativos podem ser encontrados em Jean e John Comaroff, *Of Revelation and Revolution*, 2 volumes (Chicago, 1991–1997).

[72] Para uma leitura em termos culturalistas, veja-se William Gallois, «The War for Time in Early Colonial Algeria», *in* Lorenz and Bevernage, *Breaking up Time*), 252–73.

temporal que fornecia um roteiro que eles simplesmente executavam. Os conflitos não eram tanto o sintoma de um choque estrutural de civilizações (temporais), mas o resultado de lutas pela hierarquia e pelo poder social.[73] «Nada impede que os mais inteligentes do povo não possam marcar as horas enquanto elas voam», postulou John Tengo Jabavu, um estudante xhosa da escola missionária de Lovedale, na Província do Cabo, em 1885. «A primeira pessoa a dar o exemplo numa aldeia deve ser o professor da escola.»[74] Na Europa e fora dela, os actores históricos resistiram *e* adoptaram, dependendo das circunstâncias, a pontualidade e o progresso para seu próprio benefício.

No essencial, a resistência ao novo regime do tempo não foi uma expressão de nostalgia, de anseio por tempos e hábitos antigos. As tradições invocadas pelos inimigos do novo eram, de certa forma, elas próprias produtos da nova conjuntura global. Um exemplo é o conceito de «tempo árabe», do Cairo do *fin-de-siècle*, uma invenção recente apenas compreensível em oposição aos tempos turco e europeu. Barak fala de «contra-tempos»[75], medidas alternativas de tempo que resultavam não só das transformações modernas, mas do tempo vazio do relógio, contra o qual eles se queriam rebelar.[76]

Em termos mais gerais, a promulgação dos «novos tempos» coincidiu com a «invenção de tradições» e a descoberta do «passado como país estrangeiro».[77] A ideia de que o passado era diferente do futuro criou ansiedade e a sensação de perda irremediável. Com o surgimento das narrativas do progresso, os contemporâneos procuraram resgatar tradições e costumes de tempos passados: os contos de fadas recolhidos por Pushkin e os irmãos Grimm, as representações de Walter Scott das terras altas escocesas, as *Leatherstockings* de James Fennimore Cooper

---

[73] Para um tal enfoque nas lutas sociais, veja-se Frederick Cooper, «Colonizing Time: Work Rhythms and Labor Conflict in Colonial Mombasa», *in* Nicholas B. Dirks, org., *Colonialism and Culture* (Ann Arbor, 1992), 209–46; Andreas Eckert, «Zeit, Arbeit und die Konstruktion von Differenz: Über die koloniale Ordnung in Afrika», *Comparativ*, 10, n.º 3 (2000), 61–73.

[74] Citado em Nanni, *The Colonisation of Time*, 194.

[75] No original, *countertempos*. [N. do T.]

[76] Barak, *On Time*, 5, 78.

[77] David Lowenthal, *The Past is a Foreign Country* (Cambridge, 1985).

e muito mais. Aceleração e desenvolvimento criaram, em contrapartida, nostalgia histórica e anseio pelo que havia desaparecido.

À medida que o passado era gradualmente removido das práticas quotidianas, os contemporâneos começaram a registar e recolher os seus vestígios pelo próprio interesse desses mesmos elementos. As datas de fundação dos museus nacionais — França (1791), Suécia (1792), México (1825), Chile (1830), Rússia, Japão (1872), Filipinas (1901) — são bons indicadores de quando o novo regime temporal se instalou em segurança (e encontrou sustento num Estado-nação). Templos dedicados à celebração de momentos de efervescência cultural, os museus podiam também ser usados para combater as alegações das temporalidades do colonizador. No Egipto, Rifa'ah Rafi' al-Tahtawi teve um papel importante ao reavivar a memória do antigo Egipto faraónico.[78] Nas Filipinas, *ilustrados* como José Rizal abraçaram a procura pela idade do ouro que antecedeu a conquista espanhola.[79] Em Bengala, Rajendra Lal Mitra, membro e mais tarde presidente da Asiatic Society, fundou a *Bibliotheca Indica* na tentativa de recuperar a cultura hindu antes da chegada do domínio muçulmano e britânico. Na América Latina, as elites crioulas começaram a apropriar-se do passado pré-colombiano e a afirmar a sua própria herança cultural. Na Colômbia a identidade nacional remontava aos Muíscas, enquanto o Peru independente se reinventava como Estado inca renascido.[80] Em qualquer destes casos a condição prévia para a reivindicação do seu legado era a existência de um passado guardado em segurança e já não mais vivo.

Como resultado da constante reprodução e mobilização de temporalidades alternativas, a hegemonia do regime moderno do tempo nunca foi absoluta. No interior rural da China, os sinos dos templos

---

[78] Donald Reid, *Whose Pharaohs? Archaeology, Museums, and Egyptian National Identity from Napoleon to World War I* (Berkeley, CA, 2002); Hourani, *Arabic Thought in the Liberal Age*, cap. 4.

[79] Filomeno V. Aguilar Jr., «Tracing Origins: *Ilustrado* Nationalism and the Racial Science of Migration Waves», *Journal of Asian Studies*, 64 (2005): 605–37.

[80] Rebecca Earle, *The Return of the Native: Indians and Myth-Making in Spanish America, 1810–1930* (Durham, NC, 2007); Tim Brading, *The Origins of Mexican Nationalism* (Cambridge, 1985).

continuavam a soar e o tempo era medido usando paus de incenso como se nada tivesse mudado. Em muitos lugares várias formas de manter e vivenciar o tempo coexistiram, e a maior parte das pessoas foram capazes de negociar as exigências de estruturas temporais concorrentes. As sete estações das comunidades aborígenes na Austrália; o Ano Novo Chinês; a observação da Lua Nova durante o Ramadão; os momentos auspiciosos nos calendários populares da Europa — todos permaneceram relevantes na era da padronização e da sincronização. Enquanto os tempos públicos tendiam a alinhar-se com o novo regime do tempo, os tempos privados — geralmente expressando também regras específicas ao género e fases da vida — mostravam mais resiliência.

Se essa pluralidade colocou desafios para os indivíduos, também criou espaços de manobra. No Império Otomano, por exemplo, os calendários das comunidades religiosas (*millet*) apresentavam-se lado a lado — o calendário juliano da Igreja Ortodoxa, o calendário muçulmano baseado na Hégira, o calendário hebraico e o sistema gregoriano de levantinos e europeus. O Estado otomano recorria a dois calendários diferentes, o religioso e o financeiro. As horas eram contadas em turco ou *alafranga*, enquanto uma confusão de inúmeros feriados pontoava o ano. Em 1857, 49 feriados gregos coexistiam com 26 feriados arménios, sete judaicos, sete católicos e quatro protestantes; celebrava-se ainda o aniversário do Sultão, o Ano Novo, o Carnaval — e, no dia 14 de julho, o aniversário do reinado da Rainha Vitória.[81]

Essas ordens concorrentes de tempo não eram apenas reminiscências do passado, mas construções e remodelações da idade da padronização e da sincronicidade global. A relação entre o que era percebido como tempos tradicionais e como tempos modernos foi sempre parcialmente estratégica. Nalguns casos, o antigo reinventava-se como prenúncio do novo, como a semente indígena da modernidade temporal. Os historiadores japoneses identificaram nas tradições confucionistas

[81] François Georgeon, «Changes of Time: An Aspect of Ottoman Modernization», *New Perspectives on Turkey*, 44 (2011), 181–195. Ver também François Georgeon and Frédéric Hitzel, orgs., *Les Ottomans et le temps* (Leiden, 2012); Elie Podeh, *The Politics of National Celebrations in the Arab Middle East* (Cambridge, 2014). Uma análise exaustiva das múltiplas facetas do tempo no Império Otomano pode ser encontrada em Wishnitzer, *Reading Clocks*.

as origens do historicismo de Leopold von Ranke.[82] Na China da era Qing, os académicos referiram-se ao confucionismo do período Song e ao conceito de «propensão dos tempos» como antecipando noções historicistas de *Zeitgeist*.[83] Na Europa, a revolução do tempo foi naturalizada como mera extensão das cosmologias judaico-cristãs, mesmo que tais reivindicações de continuidade fossem contrárias à experiência quotidiana. Representantes do budismo defenderam que a ideia de tempo progressivo, e concretamente o conceito de evolução, tinham há muito sido formulados na doutrina budista do renascimento. «Da mesma forma que um relógio se move por si sem intervenção de qualquer força exterior», resumia o conhecido monge zen-budista japonês Shaku Sõen, «assim é o progresso do universo».[84]

Noutros casos, as ordens indígenas do tempo eram consideradas como fundamentalmente diferentes da noção moderna de tempo. Mas, sob uma camada de crua oposição, também os tempos tradicionais foram sendo reconfigurados pelo impacto da transformação tecnológica e geopolítica. Na era dos jornais e relógios públicos as tradições já não eram como antigamente. Um bom exemplo é a popularização do conceito de *kaliyuga* entre os hindus de Bengala. Na imaginação cíclica a era da *kaliyuga* correspondia a um período de turbulência caracterizado pela presença de governantes impuros ou estrangeiros, e pela desordem social. No final do século XIX, os hindus começaram a interpretar certas mudanças societais — por exemplo, a confiança dos brâmanes na razão ou os novos papéis de género na esfera pública — como evidências do início da *kaliyuga*. Já que nesta era temporal o esclarecimento individual era tido como algo relativamente fácil de alcançar, tais crenças tiveram considerável eco, tanto entre as mulheres como entre os funcionários da administração colonial; para os últimos, o renascimento das temporalidades «tradicionais» conservava a promessa

---

[82] Para uma reformulação recente desta visão, veja-se Masayuki Sato, «A Social History of Japanese Historiography», *in* Jose Rabasa *et al.*, orgs., *Oxford History of Historical Writing*, vol. 4 (Oxford, 2012), 80–102.

[83] Reflexões recentes sobre a noção de «propensão dos tempos» foram tecidas por Wang Hui, *China from Empire to Nation State* (Cambridge, MA, 2014), cap. 3.

[84] Citado em David L. McMahan, «Modernity and the Early Discourse of Scientific Buddhism», *Journal of the American Academy of Religion*, 72 (2004): 897–933, *at* 901.

patriótica e antibritânica. Mas foi sobretudo a imprensa que assegurou o alcance sem precedentes da *kaliyuga* — precisamente no momento em que os calendários ocidentais e o relógio começavam a dominar a vida pública e os locais de trabalho.[85]

Quer isto dizer que as práticas tradicionais não foram automaticamente abolidas pela introdução dos novos tempos. Muitas vezes os instrumentos tecnológicos modernos e os dispositivos de medição, mais do que tornar as ordens temporais tradicionais obsoletas, acabaram por aumentar a sua popularidade e longevidade. A resistência local e o recurso a práticas do presumido tempo sagrado interagiram frequentemente com o novo regime, por vezes apropriando-se mesmo da sua forma e da sua linguagem. A imprensa promoveu a divulgação e o alcance de horóscopos e manuais com informações sobre os ritmos da natureza e os momentos auspiciosos. Os relógios de precisão e os observatórios permitiram a medição do tempo independentemente da estação do ano e da luz do dia, facilitando assim a comunicação das horas de oração e dos ritos do templo. Inúmeras instruções e normas coexistiram, e as elites urbanas não eram as únicas «fluentes em diferentes tempos».[86] Grande parte da população no século XIX continuou a viver numa pluralidade de regimes temporais.

Não obstante esta heterogeneidade, a chegada de «novos tempos» foi uma das principais inovações sociais e culturais do século XIX: uma mudança radical de proporções copernicianas. Mais, foi um evento verdadeiramente global. Relógios, fusos horários e calendários foram estandardizados, e as noções de tempo progressivo e de passado histórico profundo foram gradualmente apropriadas em todo o mundo. Foi uma revolução cultural. O seu alcance global, contudo, não foi apenas produto de transferências culturais. Pelo contrário, deve ser entendido como uma das respostas dos actores históricos a uma série de mudanças sociais

---

[85] De acordo com os textos sagrados, a *kaliyuga* deveria durar 432 mil anos, Sumit Sarkar, «Renaissance and Kaliyuga: Time, Myth and History in Colonial Bengal», *in* Sarkar, *Writing Social History* (Nova Deli, 1997), 186–215.

[86] Ogle, «Whose Time Is It?», 1402. Para um relato vivo de como a tecnologia moderna moldou os debates sobre tempo ritual, veja-se a análise sobre o impacto do telégrafo na definição do início e do fim do Ramadão, Ogle, *The Global Transformation of Time*, 149–76.

fundamentais, desencadeadas pela inovação tecnológica e a mobilidade em larga escala, por projectos imperiais e de construção do Estado, pela produção capitalista e a integração do mercado global. Estas condições em mudança exigiram que activistas do tempo, juntamente com o resto da população, inventassem efetivamente os novos tempos, mesmo se ocasionalmente procurassem modelos noutros lugares. Os novos tempos foram o produto da transformação global das condições políticas, sociais e culturais, à luz das quais as novas práticas surgiam como produtivas, eficazes e mesmo atempadas.

O tempo mundial padronizado, as categorias de progresso e atraso, e a descoberta do tempo histórico profundo catapultaram as sociedades para fora dos seus nichos cosmológicos. Forneceram uma linguagem que tornou possível articular a sincronicidade, facilitando as comparações entre indivíduos e sociedades, independentemente da proximidade cultural ou geográfica. O tempo emergiu assim como um dos sistemas capazes de traduzir numa moeda comum a diferença, na medida em que o trabalho, as relações sociais e o hiato de desenvolvimento entre as sociedades podiam ser todos expressos na mesma linguagem de tempo. O novo regime temporal, embora achatasse a experiência social, oferecia um conjunto de práticas e um vocabulário que permitiam posicionar indivíduos, grupos e civilizações inteiras à escala global.

TERCEIRA PARTE

DEMOCRATIZAÇÃO E SEGURANÇA GLOBAL

NOTA INTRODUTÓRIA

João Almeida Silveira, Pedro Ponte e Sousa[1]

A democracia e a segurança estão crescentemente ligadas a dinâmicas globais. A distinção entre o que é interno e externo encontra-se cada vez mais esbatida. A poluição nas águas do Pacífico, por exemplo, pode afectar a segurança alimentar e dar origem a problemas de saúde na Europa. A legislação da União Europeia produz efeitos não apenas nos Estados-membros, mas também em todo o mundo, no que ficou conhecido como o «efeito Bruxelas».

Num mundo em rápida mudança, impulsionada tecnologicamente, marcadamente globalizado e interconectado, as estruturas de poder democrático nacionais e o bem-estar das comunidades nacionais são afectados em vários níveis por redes internacionais e instituições formais e informais, estatais e não estatais que, na prática, mudam os mecanismos de poder dos Estados democráticos e criam tensões sobre como conceitos tradicionais tais como soberania, segurança nacional, legitimidade e outros são interpretados e se relacionam entre si.

Em relação ao conceito de soberania, por exemplo, começaram a surgir algumas ressalvas quanto ao poder «total» do Estado no seu território. Tais ressalvas evoluíram de questões de relações internacionais, como a gestão da água de rios internacionais, ou a protecção dos bens comuns globais, a questões de natureza interna, como a protecção dos cidadãos contra danos infligidos pelo próprio Estado, condições e locais para o

---

[1] Bolseiros de Doutoramento FCT (PD/BD/114061/2015 e PD/BD/114060/2015, respectivamente).

transporte e armazenamento de resíduos nucleares, poluição e respeito pelo meio ambiente, ou mesmo imposições sobre as regulamentações do mercado de trabalho quando um país enfrenta uma crise económica ou financeira.

As organizações internacionais são interlocutores relevantes nessas intervenções externas, mas frequentemente estão distantes das comunidades e os seus processos internos são de difícil escrutínio pelo público. Os Estados encontram-se, assim, numa situação peculiar em que estão por vezes limitados nas suas opções políticas, mas são tidos como os responsáveis únicos pelos seus cidadãos.

Da mesma forma, a segurança nacional tem-se tornado progressivamente global. A identificação de fontes de instabilidade complexificou-se e requer uma visão além da vizinhança imediata. Algumas ameaças como o terrorismo transnacional ou grupos criminosos internacionais operam globalmente, mas a sua presença territorial é pequena, flexível e móvel. Tal contrasta com os paradigmas de segurança anteriores, nos quais o inimigo era outro Estado ou grupos insurgentes internos; o inimigo tinha um rosto, um nome e um local específico. Ao invés, as ameaças actuais são assimétricas, invisíveis, híbridas e desterritorializadas.

Na ausência de um inimigo com rosto, e para galvanizar o apoio público às acções de segurança, os decisores políticos começaram a nomear a ameaça e não um inimigo específico, utilizando *slogans* como a guerra ao crime organizado ou guerra ao terrorismo. O problema subjacente a esta opção é que, dependendo da implementação regional das ameaças, o nome do inimigo, o *modus operandi*, os objectivos e as redes de apoio mudam. O conjunto de instrumentos que combatem a pirataria na Somália diferem dos instrumentos de combate à pirataria no Estreito de Malaca. O mesmo acontece com grupos terroristas ou redes de tráfico de droga. Assim, mesmo que a acção dos Estados, isolada ou colectiva, alcance bons resultados, os cidadãos percebem-na como ineficiente já que a ameaça se mantém. A guerra contra as drogas lançada pelos Estados Unidos da América iniciou-se há mais de 30 anos, mas as redes de tráfico de droga ainda operam; a guerra contra o terrorismo dura há mais de uma década, mas todas as semanas testemunhamos novos ataques terroristas.

A complexificação do ambiente securitário gera nas populações incompreensão acerca das ameaças que enfrentamos. Tal incompreensão corrói a confiança nos decisores políticos e aumenta o fascínio em relação àqueles que propõem modelos simplistas de enfrentamento dos desafios à segurança.

Do ponto de vista económico, a democracia também enfrenta grandes desafios. Num mercado globalizado, uma intervenção estatal única não é eficiente, pois as empresas multinacionais constroem as suas estruturas a nível regional ou global. A proliferação de empresas multinacionais (e o aumento da sua escala de operações), a par de cadeias produtivas transnacionais, tem levado a uma profunda discussão sobre a erosão do poder e das soberanias nacionais face a estas empresas. Por um lado, é saudada a importância da racionalidade no contexto de uma economia de mercado. Por outro, pode entender-se a transnacionalidade económico-financeira enquanto elemento limitador das capacidades de decisão dos líderes políticos nacionais.

Acresce que a automação e a inteligência artificial estão a mudar o mercado de trabalho e a dificultar o papel dos decisores políticos em prepararem políticas de empregabilidade junto de populações tecnologicamente inaptas.

Estamos, então, perante um período de transição, de metamorfose das sociedades humanas. No entanto, diferentemente dos insectos, as sociedades humanas não se podem proteger dentro de casulos durante o processo de metamorfose. Como em qualquer mudança importante, o medo do que está por vir, do desconhecido, é real. Esse medo do novo, do diferente está a levar alguns grupos sociais a olharem retrospectivamente para um passado supostamente glorioso, largamente imaginado, em busca de conforto. Este movimento origina uma dualidade social entre os que ensejam a mudança e os que procuram evitá-la.

Os textos de James Mayall e Andrew C. Gould relacionam-se com os desafios elencados. De forma resumida, o capítulo de Mayall, «Globalização, Nacionalismo e Segurança», recorre a uma abordagem histórica para aferir o lugar do nacionalismo na política global. Argumenta que o comércio a longa distância levou à cooperação e impulsionou a coexistência pacífica dos povos, tendo promovido o surgimento de uma consciência global.

Mayall salienta a ascensão lenta e desigual da identidade nacional e das relações contratuais (*versus* pessoais) como elementos essenciais para o Estado-nação e a globalização. O autor aponta a relação entre integração (económica) global — geradora de desigualdades — e identidade nacional como a condição que permitiu à extrema-direita capturar as representações da identidade nacional, desvirtuando essa representação. Mayall reconhece limitações e a não perenidade do actual modelo de nação política, bem como o desfasamento entre as massas e as elites. Apesar das limitações, o autor não encontra alternativas críveis ao actual modelo, e acredita na sua capacidade regenerativa.

O capítulo de Gould, «Globalizações e o Estudo da Religião na Política», foca o papel limitado da religião no pensamento e nas agendas de pesquisa em Ciência Política. Gould argumenta que, embora os cientistas políticos actuais prestem a devida atenção à religião, a «globalização intelectual» moldou a maneira como a religião era pensada nessa área disciplinar. O autor identifica três vagas de «globalização intelectual» no estudo da religião: a especialização disciplinar e a Ciência Política centrada no Estado; a religião como uma parte menor da modernização; a centralidade do estruturalismo estatal e da economia política.

Através da análise das diversas vagas o autor argumenta que a especialização disciplinar, bem como factores político-económicos, tiveram um papel fundamental na consensualização da teoria da secularização. Apesar das diferenças substantivas entre os dois textos, as visões destes dois autores parecem espelhar anseios comuns, convidando o leitor a reflectir criticamente sobre a reinterpretação de conceitos tradicionalmente relevantes nos estudos políticos (*e.g.*, nacionalismo, religião); a necessidade de interpretar eventos correntes tendo em consideração um arco histórico alargado; a relevância de vectores económico-financeiros na definição de políticas; e o papel da ciência e da investigação científica no actual mundo globalizado.

Os conceitos de nacionalismo e a religião, por exemplo, alteraram-se nas sociedades democráticas actuais. Tal como Mayall refere, discussões sobre quem se constitui como parte integrante de um «povo» ou o que constitui uma Nação continuam a ser questões centrais da discussão sobre nacionalismo. Esta discussão tornou-se, no entanto, relegada para um discurso radicalizado, assente na dimensão identitária da nacionalidade. O mesmo se aplica à religião, recorrentemente mobilizada no mundo ocidental para um conflito cultural em sociedades multiculturais.

No que respeita à importância da história, Mayall e Gould recorrem largamente ao conhecimento histórico para compreenderem e explicarem dimensões essenciais da globalização contemporânea, reflectindo sobre como usar essa dimensão histórica em diferentes formas. Mayall sugere que o uso de casos históricos pontuais pode ser útil para uma explicação do desenvolvimento do mundo moderno, enfatizando as tendências de longo prazo e a interdependência entre vários eventos. No mesmo sentido, Gould alerta-nos sobre as limitações de análises imediatistas para a compreensão cabal de fenómenos políticos.

Os dois autores enfatizam ainda as raízes históricas da relação entre política e economia. Mayall destaca como o comércio de longa distância integrou o mundo e cruzou arranjos e culturas políticas e sociais, sem perturbar a hierarquia ou as sociedades tradicionais. Gould, problematizando a tese da modernização, sustenta que a primazia dada a análises focadas no eixo político-económico é importante, contudo não deve excluir, ou relegar para um lugar periférico, dimensões socioculturais tais como a religião.

No que concerne à investigação científica, os autores esboçam pistas de auxílio à melhoria da investigação política num contexto de mundo globalizado. Mayall insiste que modelos de análise centrados na unidade Estado mantêm relevância, contudo aponta para a necessidade de articulação sistemática de dimensões analíticas multidimensionais tais como a económica, política, social e cultural. Do mesmo modo, Gould argumenta que as várias evoluções disciplinares da Ciência Política nos Estados Unidos da América restringiram excessivamente o seu objecto de estudo, impossibilitando-o de receber *inputs* valiosos para a compreensão política. O autor sustenta, no entanto, que a «globalização intelectual» é responsável por novas vagas evolutivas na Ciência Política que lhe permitem alargar o seu campo de estudo.

As discussões da presente secção, apesar de focadas nas componentes democracia e segurança, inserem-se num conjunto alargado de reflexões de índole histórica, jurídica, e ambiental que compõe esta edição. Mais dimensões poder-se-iam juntar, porquanto o esforço de compreensão dos fenómenos globais e globalizados impõe prismas multidimensionais e multidisciplinares. A presente secção insere-se, assim, num esforço lato de agregação de contributos disciplinares distintos para melhorar o entendimento dos fenómenos actuais, sejam eles políticos, económicos, sociais, culturais ou outros.

CAPÍTULO 5

GLOBALIZAÇÕES E O ESTUDO DA RELIGIÃO NA POLÍTICA[1]

Andrew C. Gould

Introdução

A forma como os cientistas políticos estudavam a religião alterou-se profundamente com a vaga de globalização do século XXI. E, no entanto, esta não foi a primeira vez que isto aconteceu. Três vagas de globalização intelectual produziram o mesmo efeito durante os séculos XIX e XX. A primeira destas vagas irradiou da Europa para os Estados Unidos quando, no final do século XIX, início do século XX, os modelos alemães de ensino superior e especialização disciplinar começaram a ser importados para os EUA pelos fundadores da ciência política. Sob a sua orientação, a ciência política surgiu neste país como uma ciência do Estado centrada sobretudo na experiência norte-americana, mas também nas grandes potências europeias e nos países da Ásia e do Próximo Oriente que estavam sob a influência dos EUA. Uma segunda vaga começou quando os EUA, ao saírem vitoriosos da Segunda Guerra Mundial, se tornaram uma superpotência, disputando o domínio global com a URSS. Imperativos de segurança nacional levaram os cientistas políticos estado-unidenses a estudar povos que poderiam

[1] Este capítulo corresponde à comunicação apresentada, via Skype, pelo Professor Andrew Gould no Colóquio «O que Sabemos sobre a Globalização?», organizado pelo programa de doutoramento em Estudos sobre a Globalização, no dia 17 de Fevereiro de 2018, na Biblioteca Nacional. [N. da O.]

ser trazidos para a órbita dos EUA. A ciência política estender-se-ia mais tarde dos Estados às sociedades, na medida em que muitos destes Estados eram fracos ou estavam em risco de desaparecer, como no caso das colónias. Por fim, uma terceira vaga de globalização surgiu como oposição aos EUA e aos regimes por ele apoiados no Próximo Oriente, por exemplo, no Irão em 1979, e, mais tarde, após o colapso da União Soviética, em vários países de maioria muçulmana e nas comunidades da diáspora muçulmana na Europa e na América. Ao contrário das vagas anteriores, que tiveram origem na mudança de papéis dos EUA no mundo, a terceira era uma resposta às pretensões estado-unidenses de uma hegemonia política global.

Segundo os cientistas políticos a religião desempenhou papéis diferentes em cada uma destas vagas. Relativamente a este ponto, a minha opinião difere da visão convencional, segundo a qual os cientistas políticos estavam rendidos aos pressupostos da teoria da secularização durante os séculos XIX e XX. Há muito a dizer sobre esta tese. Muitos dos autores do início do século XXI que a sustentam — incluindo Gill (2001), Wald, Silverman e Fridy (2005), Wald e Wilcox (2006), Bellin (2008), Philpott (2009) e Grzymala-Busse (2012) — defendem que os seus predecessores ignoraram a religião no pressuposto teórico de que esta estava de saída. Defendem também que o papel proeminente da religião durante a terceira vaga alterava esse pressuposto. Ainda que este novo trabalho sobre religião tenha sido apresentado com alarido, a verdade é que esta, um século de erudição depois, continua mal caracterizada. O problema não foi tando os cientistas políticos terem sido condicionados pela teoria da secularização, mas a leitura limitada que fizeram do papel da religião. Como discutido abaixo, os termos do debate sobre o papel da religião no desenvolvimento seriam estabelecidos pela autoridade da disciplina na área dos partidos políticos de cunho religioso. Diga-se que, durante muito tempo, a ciência política resistiu ao estudo da religião apesar de políticos e Estados insistirem na sua importância. O meu objectivo não é desresponsabilizar a teoria da secularização pelo tratamento deficiente da religião no quadro da política comparada; mas sim dizer que outros factores, nomeadamente a especialização disciplinar e o privilégio de determinadas condições político-económicas, tiveram também um papel importante. Em determinados momentos de viragem foram mesmo os factores mais importantes.

Este texto segue em três passos, três momentos na evolução da política comparada e da sua abordagem à religião. O primeiro diz respeito às origens da disciplina de ciência política como empresa intelectual distinta de tradições mais antigas, e fundada por autores geralmente com formação em história e direito. O segundo momento remete para a institucionalização diferenciada do campo da política comparada, enquanto subcampo dentro da ciência política, os seus pressupostos, agenda de investigação e hipóteses. O terceiro reporta-se à revolução religiosa que teve lugar num importante aliado dos EUA no Próximo Oriente, e que parece ter exigido uma nova abordagem para compreender o papel da religião na política. Em cada um desses momentos, decisões específicas levaram os académicos a não pensar seriamente sobre como a religião podia influenciar a política.

Uma nova ciência do Estado

O que fez com que a política comparada ignorasse a religião não foi o facto de os cientistas políticos terem visões distintamente laicas, mas o contexto em que a disciplina da ciência política emergiu e foi evoluindo. A ciência política enquanto disciplina emergiu de uma ruptura com a história, entre os anos de 1880 e os anos de 1910. Na divisão do trabalho entre a disciplina maior e mais antiga, e a mais pequena e mais recente, a religião acabaria do lado dos historiadores. O contraste entre as duas disciplinas, no início da separação institucional, não podia ter sido mais acentuado, como revelam as suas respectivas revistas profissionais, *The American Historical Review* (1895–), *The Proceedings of the American Political Science Association* (1904–1913) e *The American Political Science Review* (1906–). Ao passo que a revista de referência dos historiadores colocava a religião em destaque, as novas revistas dos cientistas políticos praticamente ignoravam-na. E, contudo, esta diferença entre disciplinas não se deveu a diferentes ideias sobre religião por parte de historiadores e cientistas políticos. No início, a diferença entre história e ciência política não tinha por base uma diferença entre mentores e praticantes, até porque quase todos os primeiros cientistas políticos foram treinados como historiadores. Também não se deveu a uma atitude mais secular por parte dos cientistas políticos; na verdade, o ensino superior foi agressivamente secularizado pelo principal historiador dos Estados Unidos, Andrew Dickson White, como é narrado em White (1896). A diferença entre as duas disciplinas residiu nas diferentes tarefas que estas fixaram para si. Aqueles que trabalhavam como historiadores cobriam um vasto campo que incluía a religião, enquanto os cientistas políticos se concentravam num foco restrito, o Estado, o qual parecia excluí-la.

No caso da história a secularização institucional não implicou que a religião fosse apagada da agenda académica. Quando a American Historical Association (AHA) entrou na terceira década de existência, a *The American Historical Review* publicou o discurso presidencial de Simon E. Baldwin durante a reunião anual de 1906, «A religião ainda é a chave para a história» (Baldwin, 1907). Como o título sugeria, Baldwin argumentava que a religião havia sido, e seria sempre, o motor das nações. De 1895 a 1965, possivelmente as décadas mais seculares da vida intelectual norte-americana, a *American Historical Review* (AHR) publicou pelo menos 16 artigos total ou largamente centrados na religião (dez artigos com «religioso» ou «religião» no título, cinco com «cristão», e um com «protestantismo»). Isto não quer dizer que o caminho tenha sido fácil para os historiadores da religião. A própria afirmação de Baldwin, de que a religião «ainda é a chave para a história», era, pelo menos em parte, dirigida a académicos que sustentavam que a importância social da religião havia diminuído. E, contudo, o principal historiador da disciplina dava primazia à religião.

Os cientistas políticos, por seu lado, fixavam a sua atenção no Estado, ignorando a religião enquanto objecto de estudo. Tal como a AHA, também a American Political Science Association (APSA) divulgou, juntamente com artigos de investigação, os discursos presidenciais sobre a nova disciplina. O primeiro desses discursos, «*The work of the American Political Science Association*» (1904), de Frank J. Goodnow, defendia que aquilo que diferenciava a nova associação de outras no campo da história ou da economia era a atenção dada ao Estado. Considerar o Estado como um objecto especial dos cientistas políticos seria também afirmado por outros fundadores da jovem disciplina. Por exemplo, Munroe Smith, colega de Goodnow na Universidade de Columbia, foi editor executivo fundador da *Political Science Quarterly* (1886–1893 e 1904–1913) e, mais tarde, presidente da APSA (1916–1918). No primeiro número do PSQ, Smith (1886) explicou «o domínio da ciência política» da seguinte forma: «ciência política significa, literalmente, ciência do Estado. Neste sentido, inclui a organização e as funções do Estado, assim como a relação de um Estado com outro» (p. 2). Em 1906, ano em que Baldwin afirmava entre historiadores que a religião era a chave, a recém-fundada *American Political Science Review* publicava o seu primeiro volume. Ao contrário dos seus homólogos no passado, nenhum discurso presidencial de ciência política alguma vez se centrou na religião. Como acontecia com disciplinas recém-criadas, dirigidas por homens formados antes da fundação das instituições que lideravam, o antigo presidente da AHA, Simon E. Baldwin, tornou-se presidente da APSA, em 1910–1911. Se o seu discurso para os historiadores girava em torno da religião, aquele que desenhou para os cientistas políticos, enquanto seu presidente em 1911, centrava-se no direito constitucional estado-unidense, e nas relações entre poderes executivo e legislativo (Baldwin, 1912). Nele não havia qualquer referência à religião, nem sequer à garantia de liberdade religiosa contida na primeira emenda. Em suma, os cientistas políticos eram tão religiosos como os seus homólogos noutras disciplinas, e, no entanto, tinham construído a sua nova ciência do Estado sem qualquer referência aos possíveis papéis da religião na política.

Os cientistas políticos que estudavam a política de outros países centraram-se nas instituições formais, como as constituições, as leis ou os gabinetes. Neste caso as questões religiosas ficaram de fora do âmbito da ciência política, excepto quando esses atributos formais dos Estados invocavam explicitamente a religião. No início do século XX, o estudo da política de outros países foi organizado de forma muito diferente da actual. Em primeiro lugar, não existiam revistas especificamente orientadas para outros países. As únicas publicações relevantes eram revistas de interesse geral, nomeadamente a *Political Science Quarterly* (1885–), a *American Political Science Review* (1906–) e a *Journal of Politics* (1939–). Mas não se pode dizer que não existisse uma política comparada. Muito pelo contrário, pois toda a ciência política era sobre a comparação de governos. Os cientistas políticos estudaram as instituições formais de poder nas principais potências europeias, especialmente Reino Unido, França e Alemanha.

Os artigos das duas primeiras décadas da *Political Science Quarterly*, de 1885 a 1905, surgiram quando a nova disciplina de ciência política ainda estava a tomar forma. Os autores da maioria dos artigos eram formados em história ou pelos recém-formados departamentos de ciência política das universidades de Columbia ou de Johns Hopkins. A associação da disciplina só seria criada em 1903. Artigos que hoje seriam classificados como publicações no domínio da política comparada apresentavam-se sob a forma de artigos na área do constitucionalismo em perspectiva comparada. A religião era abordada na medida em que as constituições tratavam explicitamente dela. Um exemplo disso é o primeiro artigo sobre a política interna de outro país, «A recente crise constitucional na Noruega», de John W. Burgess (1886), que explica a luta entre o parlamento norueguês e o rei sueco. Apesar de esta não ter tido um papel no conflito, Burgess observa que, segundo a Constituição de 1814, «o rei regula todo o culto público, todas as assembleias e reuniões religiosas, e assegura que os professores de religião ao serviço do Estado seguem a norma prescrita» (p. 267). Burgess também nota que, embora a constituição garantisse a liberdade de expressão e opinião, o Estado «tem uma religião estabelecida — a luterana — e é muito intolerante» (p. 269). No artigo seguinte sobre o *Kulturkampf* na Prússia, Burgess aprofunda ainda mais a presença da religião nas constituições e nos estatutos. «O ponto de partida apropriado no estudo deste assunto», escreveu Burgess (1887), «é a constituição prussiana de 1850» (p. 313), que protegeu a autonomia da Igreja Católica dentro de um Estado prussiano soberano. A lição é que as disposições constitucionais — como as que estabelecem uma religião na Noruega ou a liberdade religiosa na Prússia — permitiram ao maior cientista político estado-unidense do final do século XIX abordar a religião na sua análise.

Foram poucas as excepções a esta abordagem à religião enquanto elemento de uma Constituição. Nestes artigos raros analisava-se o papel da religião nas manobras políticas de futuros líderes. John E. Bowen, possivelmente estudante de Burgess, escreveu uma série de três artigos sobre «*The conflict of East and West in Egypt*» (1886a; 1886b; e 1886c), resultado da sua dissertação de doutoramento na Universidade de Columbia, em 1886. Bowen refere-se amplamente ao Islão e ao Islamismo, argumentando que a religião oferecia recursos valiosos a governantes que procuravam opor-se à influência ocidental. Outro estudante de Columbia, Thomas D. Rambaut, escreveu *The Hudson's Bay Half-Breeds and Louis Riel's Rebellions* (1887). Rambaut desenvolveu um argumento que continuaria actual um século mais tarde quando escreveu que «o desenvolvimento de uma convicção nacional, de um sentimento de nacionalidade canadiana, não é somente travado pelo envolvimento entre os britânicos da Ordem de Orange e os católicos franceses; estará sempre bloqueado enquanto políticos sem escrúpulos esperarem obter vantagens imediatas da alimentação das chamas do ódio étnico e confessional» (p. 136). Em suma, os políticos podiam explorar os sentimentos religiosos para reforçar o apoio popular. Como muitos cientistas políticos iriam demonstrar durante o próximo século, a religião ganharia relevância quando nas sociedades analisadas predominava o catolicismo ou o islamismo, e não o protestantismo.

Os poucos artigos empíricos sobre religião e política publicados na nova revista da disciplina basearam-se em casos fora da Europa e do mundo anglo-americano. Os temas que aqui foram desenvolvidos iriam estar no centro da ciência política durante o resto do século. No centro da discussão estavam as duas religiões — catolicismo e islamismo — que pareciam constituir os maiores obstáculos ao desenvolvimento da política ao estilo estado-unidense; aparentemente, as suas características tornavam-se problemáticas na política democrática. O artigo de Charles H. Cunningham (1916) foi o primeiro sobre religião numa revista de ciência política a afirmar que uma autoridade assente na integração das dimensões política e religiosa bloquearia a sociedade civil, o desenvolvimento económico e a governação democrática. Este tema seria repetidamente elaborado ao longo de toda a história da ciência política profissional. De acordo com Cunningham (1916), o poder eclesiástico da Igreja Católica, que tinha sido «fomentado e protegido» pelo Estado espanhol durante a era colonial, criara problemas para o governo estado-unidense das Filipinas. A enorme extensão de terras nas mãos das ordens religiosas «foi considerada pelas autoridades estado-unidenses como sendo inconsistente com os melhores interesses do povo filipino e com os ideais de um governo livre» (Cunningham, 1916, p. 465). De acordo com a análise de Cunningham, a experiência colonial espanhola e católica tinha colocado as Filipinas numa trajectória de baixo crescimento e antidemocrática, que exigia agora uma correcção sob orientação dos EUA no sentido de libertar a sua economia e a sua política do controlo clerical. Cunningham tinha-se formado como historiador em Berkeley e ocupado uma posição de professor de história (na Universidade do Texas), mas ainda não era clara a fronteira entre história e ciência política. O Departamento de Ciência Política de Berkeley e a American Political Science Association só se separaram da disciplina e do Departamento de História da universidade em 1903. O artigo tratava das origens históricas de uma controvérsia ainda latente, mas que atingiu o seu clímax com o *Friar Lands Act* de 1903, que forçou a venda de propriedades eclesiásticas ao governo territorial estado-unidense das Filipinas, terras essas vendidas mais tarde aos filipinos.

A fronteira entre o que os políticos pretendiam e o que os cientistas políticos argumentavam não era igualmente clara. Esta indefinição de objectivos políticos e afirmações académicas já tinha aparecido na discussão de Cunningham (1916) sobre aquilo que as autoridades dos EUA consideravam ser necessário para o desenvolvimento económico e político. Em «*Recent Political Changes in the Moslem World*» (1924), Alfred Howe Lybyer argumentou de forma semelhante em relação a políticos de outros países. Segundo ele, o liberalismo e o nacionalismo animavam a elite política: «As principais ideias que têm vingado no mundo muçulmano», escreveu ele, «são a autodeterminação, o constitucionalismo, a separação da igreja e do Estado, o desejo de beneficiar dos avanços científicos modernos, e a relutância em permanecer indefinidamente no grupo dos povos considerados como atrasados» (pp. 513–514). Eram estas as ideias que animavam os liberais e os nacionalistas nos casos que ele tinha analisado, nomeadamente Turquia, Pérsia, Palestina, territórios árabes, Egipto, resto do Norte de África, Afeganistão, e muçulmanos da Índia. Evidentemente, estas eram ideias da elite política, e não do povo comum. Segundo Lybyer (1924), as tentativas da Turquia para secularizar a justiça e a educação enfrentaram «os sentimentos mais profundos de milhões de muçulmanos devotos» (p. 515) e «uma oposição vigorosa que foi criada na mente de muitos fiéis muçulmanos na Turquia» (p. 518). Por outras palavras, o impulso de laicizar a vida política ia contra a vontade de muitas pessoas comuns. «Durante muito tempo o movimento para a separação da igreja e do Estado em terras islâmicas não foi capaz de lidar com a dimensão fracturante que se impunha num modo de vida coeso como era o muçulmano», concluiu Lybyer, «mas agora a Turquia já parece parcialmente capaz de realizar esse milagre e a Pérsia está a tentar seguir» (p. 527). Esta última passagem mostrava que não só havia optimismo em relação ao sucesso do projecto como se reconhecia a resiliência da oposição.

A religião foi em grande medida negligenciada durante os primeiros anos da *American Political Science Review*, de 1903 até à Segunda Guerra Mundial. Como vimos, os únicos artigos sobre religião e política noutros países foram os de Cunningham (1916) e Lybyer (1924). Estes não eram artigos sobre as grandes potências europeias, mas sobre regiões do mundo sob influência norte-americana. Tais regiões distinguiam-se pelas suas culturas religiosas não-protestantes, como eram as colónias católicas de Espanha que os EUA conquistaram na Guerra Hispano-Americana em 1898, ou os territórios maioritariamente muçulmanos do Próximo Oriente que se tornaram alvo de ambições coloniais com a queda do Império Otomano em 1918–1922. A partir de 1883, o Departamento de História e Ciência Política de Berkeley foi dirigido pelo Prof. Bernard Moses que ajudou a fundar o Departamento independente de Ciência Política, em 1903 (Douglass & Thomas, 2005). Moses trabalhou na Second Philippine Commission, de 1900 a 1902, conhecida como Taft Comission, que propôs a compra das terras das ordens religiosas[2] pelo governo estado-unidense para eventual revenda aos filipinos. Cunningham foi possivelmente aluno de Moses. Quando Cunningham argumentou sem fazer referência às «autoridades norte-americanas» podia muito bem estar a repetir o que tinha aprendido com o seu professor. O trabalho de Lybyer é ainda mais directamente resultado de uma comissão governamental estado-unidense. Ele próprio serviu como perito na Conferência de Paz de Paris e foi conselheiro geral da King-Crane Commission sobre os mandatos na Turquia (1918–1919), um esforço que seria liderado pelos EUA depois de britânicos e franceses se terem retirado da comissão e estabelecido colónias próprias na região. Foi Lybyer quem escreveu o «*Confidential Appendix*», preparado apenas para uso estado-unidense (*King-Crane Commission Report*, 1919). Lybyer defendeu neste apêndice confidencial que funcionários britânicos e franceses tinham minado o trabalho da comissão, ao pretender suprimir as provas de que o povo das antigas terras otomanas preferia a independência ou mandatos internacionais

[2] No original, *Friar Lands*, literalmente, «terras dos frades». [N. do T.]

administrados pelos EUA ao domínio colonial pela França ou o Reino Unido. A disciplina [da ciência política] menosprezou o papel da religião no seu próprio ambiente político e na política das grandes potências rivais europeias, mas enfatizou-o quando os EUA procuravam projectar o seu poder político em outras regiões do mundo habitadas por populações católicas e muçulmanas.

Projecto de uma política comparada sem religião

Gabriel A. Almond, um dos fundadores da política comparada moderna, foi responsável por obstruir a investigação sobre religião durante grande parte do século XX. Após publicar dois artigos sobre a democracia cristã (1948a; 1948b), fundou e liderou o poderoso Committee on Comparative Politics do Social Science Research Council (1954–1963) e foi presidente da APSA (1965–1966). O que aconteceu à religião quando Almond passou da interpretação da democracia cristã para a fundação da política comparada? Infelizmente para o futuro da investigação sobre a relação entre religião e política, o programa de Almond desencorajou o trabalho sobre religião. O seu programa foi influente: o artigo de Almond de 1956 forneceu um manual para a redefinição do campo do estudo comparado de *government* como o estudo de «sistemas políticos em perspectiva comparada». No século XX seria citado mais de 500 vezes, segundo o GoogleScholar, e 183 vezes, segundo a Web of Science. O programa de política comparada de Almond reorganizou todo um campo. Esta reorganização desconsiderava a religião enquanto dimensão importante da vida política moderna.

No artigo programático sobre política comparada de 1956, apresentava-se o catolicismo como uma componente do tradicionalismo, ao passo que o protestantismo, não sendo mencionado pelo nome, se fundia com a modernidade secular. A frase de abertura deste artigo pedia humildade e um programa abrangente para criar um novo campo dentro da ciência política: «O que me proponho fazer neste breve artigo é mostrar como a aplicação de certos conceitos sociológicos e antropológicos pode facilitar uma comparação sistemática entre os principais sistemas políticos em funcionamento no mundo de hoje» (Almond, 1956, p. 391). Almond definiu também cultura política para descrever o «conjunto de significados e propósitos» nos quais se enraizavam os sistemas políticos (p. 396). Uma cultura política, de acordo com a leitura que Almond faz dos trabalhos de Parsons e Shils, requeria cognição (conhecimento), afecto (emoções) e avaliação (escolha). Almond chamou a atenção para o facto de cultura política não ser sinónimo de cultura nacional. A primeira podia estender-se para além das fronteiras estatais (EUA e Reino Unido partilhavam a mesma cultura comum, argumentou) ou existir como «subcultura» dentro de um único país, como acontecia na Europa Ocidental, onde quase todos os países acolhiam mais de uma cultura política. Na elaboração da sua teoria sobre política, Almond começou por afirmar que no mundo existiam quatro tipos de sistemas políticos: anglo-americano, pré-industrial, totalitário e europeu continental. Na descrição de cada um destes tipos a religião foi tratada de maneira diferente: obscurecida no caso anglo-americano, relegada para a tradição nos sistemas pré-industriais e europeu continental, e ignorada no caso do totalitarismo.

Nenhum comparatista poderia identificar, e muito menos compreender, as políticas da religião partindo da afirmação de Almond de que os sistemas políticos anglo-americanos têm uma «cultura política homogénea e secular» (p. 398). Esta afirmação notável tornava-se apenas um pouco mais sensata se atendêssemos ao que Almond entende por homogéneo: o facto de «a grande maioria dos actores do sistema político aceitar como objectivos finais do sistema político uma combinação entre valores de liberdade, bem-estar de massas e segurança» (p. 398). O que ele tinha em mente era o contraste com os sistemas europeus continentais que ele via como fracturados por ideologias políticas concorrentes. Por secular, Almond entendia a diferenciação e a especialização de papéis: «Um sistema político secularizado envolve uma individualização e alguma autonomia dos vários papéis. Cada um dos papéis estabelece-se autonomamente nos negócios políticos, por assim dizer» (p. 398). Na mesma linha, Almond afirmou que «a divisão política do trabalho é mais complexa, mais explícita e mais estável» no sistema político estado-unidense do que no sistema político britânico, e que havia «muito mais grupos e tipos de pressão nos Estados Unidos por razões de dimensão, complexidade económica e heterogeneidade étnica e religiosa» (p. 399). Aqui estava a única menção explícita à religião; uma fonte de diferenciação social tal como a etnicidade. Almond defendia assim que os EUA e o Reino Unido concordavam sobre os principais objectivos políticos e tinham grupos altamente diferenciados que influenciavam a política de forma rotineira. A aura da ciência impregnava a política: «o processo político tem as características de um laboratório», com os eleitores e os decisores políticos a tratarem as políticas concorrentes como «hipóteses» e as «consequências da legislação» como um «teste de hipóteses» (p. 398). Além disso, o sistema político estava «saturado pela atmosfera do mercado», com grupos de eleitores a entrar no mercado com «votos para vender em troca de políticas» (p. 398). A ciência, o mercado e a política anglo-americana eram, na sua essência, pragmáticos. Nesse caso a política ganhava também a «atmosfera de um jogo», com os seus resultados incertos e as suas apostas relativamente baixas; «a "diversão" é geralmente um aspecto da política anglo-americana», afirmou Almond (p. 399).

O sistema político estado-unidense aparece como pragmático, estável, consensual e aprazível nos vários conselhos que Almond dirige aos cientistas políticos estado-unidenses. Já quando os comparatistas estudavam a política de outros países, este avisava que deviam esperar «um contraste impressionante com a cultura política homogénea e secular do sistema político anglo-americano, e a sua estrutura de papéis complexa e relativamente estável» (p. 400). Ainda que estas caracterizações fossem de alguma forma úteis, o uso específico que Almond dava ao termo «secular», geralmente entendido como não-religioso, dificultou a identificação de elementos religiosos nas políticas norte-americana e britânica. E mesmo se se recordasse que por «secular» Almond entendia institucionalmente diferenciado, a sua caracterização da cultura política norte-americana pressupunha que a diferenciação tornava praticamente insignificante a relevância política da religião.

Os elementos religiosos dos sistemas pré-industrial e continental europeu pertenciam ao que Almond denominou de aspectos «tradicionais» (p. 401) das culturas políticas respectivas. Os sistemas pré-industriais tinham culturas políticas «mistas» porque eram apenas «parcialmente industrializados e ocidentalizados» (p. 400). Continham tanto o «sistema ocidental» como o «sistema ou sistemas pré-ocidentais» (p. 400). No meio desta confusão terminológica, Almond não recorreu à palavra «moderno», mas a implicação era clara: os sistemas pré-industriais continham elementos tanto da cultura política moderna como da pré-moderna. Por exemplo, «em países como a Índia», escreveu Almond, «há muitas culturas políticas tradicionais que se misturam com o sistema ocidental» (p. 401). Outros exemplos citados foram a Indonésia e a Tailândia. As misturas culturais levavam a instabilidade, violência e surgimento de uma cultura política «carismática», quando os líderes tentavam criar uma «nova forma de legitimidade» capaz de «superar a resistência das rotinas habituais reforçadas por punições sobrenaturais» (p. 401). Haveria também uma grande mistura nas estruturas e nos papéis políticos; aquilo que um analista externo poderia identificar, formalmente, como um parlamento poderia, na verdade, ser «uma família poderosa, uma seita religiosa, um grupo de chefes tribais, ou uma combinação destes — elementos de uma estrutura tradicional de papéis a operar segundo as suas próprias normas tradicionais» (p. 402). As consequências dessa mistura seriam a instabilidade e a imprevisibilidade; estas eram inevitáveis, argumentou Almond, sempre que as culturas ocidentais e as culturas tradicionais estivessem presentes no mesmo sistema político.

Também quando a sua análise se estendia para além das culturas pré-industriais, Almond considerava a religião problemática, como no caso da modernização da Europa continental. Tal como os sistemas pré-industriais, os sistemas europeus misturavam culturas políticas recentes e antigas, mas pelo menos neste caso isto acontecia devido a um «desenvolvimento desigual» e não a uma imposição «a partir do exterior» (p. 406). Como resultado, os sistemas europeus eram um mosaico de «subculturas políticas», segundo Almond:

> De facto, neste tipo de sistema existe sempre uma subcultura pré-industrial que sobrevive (por exemplo, as zonas católicas do *Ancien Régime* em França, no sul de Itália e ilhas, e em partes da Baviera). O contexto histórico comum a estes três sistemas foi o fracasso das classes médias em levar a cabo uma secularização profunda da cultura política durante o século XIX. (p. 406)

A tónica desta passagem de Almond está no «fracasso» da classe média em desempenhar o seu papel político de secularizar as culturas políticas nacionais. Nos artigos de 1948 o autor argumentou que a Igreja Católica era responsável pela resistência à mudança. Mas na abordagem de 1956 abandonou a análise histórica e institucional a favor de uma tese da modernização, nomeadamente a de que a industrialização e a criação de uma classe média forte seriam responsáveis pela secularização da política. Quaisquer excepções ao impacto secular do desenvolvimento económico, como acontecia em muitos países europeus continentais que Almond estava a descrever, eram resultado do fracasso dos actores políticos em perceber o seu verdadeiro papel.

Mas pelo menos nessa passagem Almond menciona finalmente o nome de uma religião específica e estabelece um verdadeiro argumento causal: o catolicismo bloqueou a modernização da política europeia. O catolicismo impediu a secularização e o consenso político sobre valores fundamentais. Criou divisões no que deveria ter sido uma classe média unida, agora dividida por uma «aliança desconfortável com elementos clericais pré-republicanos, e por esquerdistas por sua vez numa amizade desconfortável com os socialistas»; os próprios católicos estavam divididos sobre questões de adaptação, com uma «ala semi-secular e uma ala anti-secular»; e, dadas as divisões no topo, os trabalhadores industriais debatiam agora se deviam fidelidade «ao sistema político como um todo» (p. 407) ou se se deveriam manter à distância. Infelizmente, mesmo quando existiam parlamentos ou eleições, não era fácil que os eleitores e políticos se orientassem para tais instituições: «os actores políticos vêm ao mercado não para trocar, tecer compromissos e adaptar-se, mas para pregar, exortar, converter, e transformar o sistema político em algo que não uma agência de negociação» (p. 407). Segundo Almond, a forma adequada de pensar a política era como negociar num mercado; seria um erro agir como se se estivesse na igreja e se procurasse a salvação total. A religião impediu a política racional, tanto no desenvolvimento histórico da Europa, como no comportamento quase religioso do presente.

De acordo com Almond, os sistemas políticos totalitários, como a Alemanha nazi ou a Rússia soviética, eram sistemas modernos, mas de forma pervertida. Apenas numa passagem admitia que a religião podia ter contribuído para a emergência do totalitarismo: uma «cultura política fragmentada», como frequentemente acontece na Europa continental, tem o potencial para dar lugar a «reviravoltas cesaristas», «nacionalismos carismáticos» ou «totalitarismos» (p. 408). Almond tinha em mente o caso alemão, em que as divisões da Europa continental tinham sido «transformadas numa entidade sintética e homogénea, e a hierarquia social estagnada fora mobilizada por intermédio da coerção»

(p. 408). Por outras palavras, os sistemas totalitários tinham emergido de um contexto de culturas políticas «mistas», e usado meios modernos para impor a uniformidade, mas não tinham, eles próprios, conteúdo, significado ou implicações de carácter religioso.

Para os seguidores do programa de Almond, a política moderna era secular. Nele qualquer religião era interpretada como uma remanescência de tradição. Ironicamente, Almond introduziu e celebrou o seu programa secularizado de política comparada recorrendo a linguagem e referências da Bíblia. Admitindo que os conceitos que importava da teoria social poderiam não resolver todos os problemas da ciência política, Almond escreveu: «Há muitas formas de trabalhar na vinha do Senhor, e eu estou preparado para aceitar que há mais formas musicais de salmodia do que jargão sociológico» (p. 391). Duas referências indirectas a textos sagrados do cristianismo e do judaísmo estão presentes nesta estranha formulação. Almond usou a parábola da vinha, de Mateus 20:1–16, para sugerir que há maneiras diferentes de realizar trabalho intelectual. No entanto, a parábola não refere que os trabalhadores podem alcançar fins semelhantes de maneiras diferentes. Na verdade, a parábola ensina que um proprietário de terras pode escolher pagar a mesma quantia aos seus trabalhadores, independentemente do tempo que cada um tenha trabalhado, o que significa que Deus pode oferecer a salvação a qualquer crente, independentemente de quão tarde na vida este se tenha convertido. Na linguagem religiosa de Almond, a palavra salmodia remetia para a Bíblia hebraica numa invocação a *O Livro dos Salmos*. Na conclusão do artigo, Almond voltava a interrogar-se sobre se o seu novo programa seria aceite. O destino deste estava nas mãos de outros académicos, argumentava, os quais continuariam a usá-lo somente se ele se revelasse útil. «Se me for permitido concluir com uma pequena nota de blasfémia», notou Almond no fim do seu artigo, «dos novos conceitos pode ser dito o mesmo que foi dito sobre a salvação das almas... "ali haverá choro e ranger de dentes, porque muitos são chamados, mas poucos escolhidos"» (p. 409). Se de blasfémia se tratava, como sugerido, o desrespeito pelo texto sagrado foi certamente reduzido; Almond apenas usou uma alegoria bíblica para apoiar um argumento profano de que os conceitos ineficazes na ciência social acabariam eventualmente por ser abandonados. Ao citar textos sagrados, Almond não forneceu qualquer citação — neste caso, Mateus 22:13–14 —, assumindo que qualquer leitor conheceria a referência subjacente e não estaria interessado em aprofundar o assunto. Por outras palavras, para enquadrar uma conscientemente moderna e secular relegação da religião a mera tradição, Almond, estranhamente, usou referências a textos sagrados judeus e cristãos.

Há múltiplas ironias nas escolhas de fé de Almond para limitar o estudo da religião no campo da política comparada. O seu pai era rabino (Verba, Pye, & Eulau, 2005, 3). O próprio Almond publicou, em 1948, duas análises sensíveis e perspicazes sobre a democracia cristã, mas em meados dos anos 50 já estava a estabelecer um programa de análise comparativa das culturas políticas que colocava a religião no passado, desviando assim a atenção dos cientistas políticos da vitalidade e da reinvenção da religião no seio da política moderna. Não só Almond assumiu que os seus leitores iriam compreender as suas referências aos textos sagrados, como a política dos EUA da década de 1950 estava impregnada de discurso religioso. Entre as principais manifestações desse tipo de linguagem está, por exemplo, o discurso do Presidente eleito Dwight D. Eisenhower, em 1952, na Freedom Foundation, no qual argumentou que a «fé religiosa» e o «conceito judaico-cristão» eram o alicerce fundamental da forma de governo norte-americana. Enquanto presidente, em 1954, Eisenhower aprovou adicionar as palavras «sob Deus» ao Juramento de Fidelidade. No seu último livro *Strong Religion* (2003), publicado postumamente em co-autoria com dois historiadores, Almond abandona finalmente as restrições disciplinares que tinha estabelecido, e rompe com o quadro disciplinar estabelecido por Goodnow, Smith, Burgess, Baldwin e outros fundadores da ciência política enquanto disciplina autónoma.

O Islão como um problema de economia política

Após a Revolução de 1979 no Irão, que depôs o Xá apoiado pelos EUA e instalou uma República Islâmica, a política islâmica tornou-se uma prioridade dos decisores políticos americanos. Mas entre os cientistas políticos comparatistas, e nomeadamente em termos de artigos académicos, este evento de importância histórica mundial e relacionado com a segurança dos EUA, receberia pouca atenção.

As principais revistas generalistas — *American Political Science Review*, *American Journal of Politics* e *Journal of Politics* — não publicariam um único artigo sobre o Irão depois de 1979. Este vazio disciplinar deveu-se à genérica escassez de estudos de casos nas principais revistas, mas não só. Outros países similares receberam mais atenção. Veja-se, por exemplo, o tratamento dado à Coreia do Sul, igualmente distante dos EUA. Tal como o Irão, tinha cerca de 39 milhões de pessoas em 1980, estava localizada perto das grandes potências rivais dos EUA e a língua representava uma importante barreira para a maioria dos cientistas políticos estado-unidenses. Contudo, a Coreia do Sul aparece estudada em pelo menos nove artigos publicados nas três principais revistas durante o século XX. Em suma, um leitor das principais revistas ficaria muito mais a par da política de outros países do que da política da Revolução Islâmica.

O leitor mais intrépido que acompanhasse revistas mais especializadas — *Comparative Political Studies*, *Comparative Politics*, e *World Politics* — teria encontrado vários artigos sobre o Irão, mas neles um consenso quase absoluto de que a religião tinha tido um papel insignificante, ou mesmo nulo, na Revolução Islâmica. Nesses artigos, ficou praticamente por explorar o papel desempenhado pela religião na política do Irão — muito menos ainda qualquer hipótese específica de que neste país o clero xiita havia sido responsável pela ditadura teocrática. Após a Revolução Islâmica do Irão, os cientistas políticos comparatistas abordavam a política iraniana centrando-se em tudo menos na religião.

Nos 21 anos após a Revolução de 1979, as três principais revistas de política comparada publicaram apenas um artigo sobre a «Revolução Islâmica do Irão» e alguns sobre política «iraniana» ou «do Irão». Embora o primeiro artigo tenha sido publicado num meio dominado pelos cientistas políticos, *World Politics*, o seu autor não era cientista político; Said Amir Arjomand era sociólogo. No resto desta secção examinamos o artigo de Arjomand (1986) na *World Politics* e comparamo-lo com os dos comparatistas em trabalhos sobre o Irão depois de 1979. Antecipando os resultados desta comparação, veremos que o sociólogo político argumentou que o Islão teve um papel significativo na Revolução Islâmica, enquanto os cientistas políticos comparatistas atribuíram apenas papéis menores à religião. Para colocar o problema de forma simples, o campo da ciência política trabalhou arduamente para compreender a revolução sem nunca se referir à sua dimensão mais importante.

Artigo isolado dedicando considerável atenção à religião, o trabalho de sociologia política e cultural de A. Arjomand (1986) tinha o título apropriado de «A Revolução Islâmica do Irão numa perspectiva comparativa». O autor identificou as semelhanças e diferenças fundamentais entre a revolução iraniana e transformações comparáveis noutros momentos, especialmente na história europeia. De acordo com Arjomand, a maior parte dos estudos recentes sobre revoluções ofereciam apenas falsas pistas. Este é o seu lamento:

> Se o regime do Xá entrou em colapso apesar de o seu exército estar intacto, apesar de não ter havido derrota militar, e apesar de o Estado não ter enfrentado uma crise financeira ou uma insurreição camponesa, onde é que isto deixa as conhecidas generalizações sobre revoluções? Muito mal, na verdade.

Por outras palavras, a atenção dada por Theda Skocpol (1979) ao colapso do Estado, aos desafios militares e às insurreições camponesas pouco contribuiu para iluminar o caso iraniano. Além disso, segundo Arjomand, ao tentar corrigir a sua teoria identificando o Irão como «Estado rentista» e acrescentando outras condições *ad hoc,* Skocpol (1982) falhou em reconhecer erros fundamentais no seu esquema. Segundo Arjomand, o fracasso de outros académicos em ver as limitações das teorias existentes possibilitou que uma nova explicação para a revolução e o regime teocrático do Irão fosse desenvolvida a partir de componentes generalizáveis.

Arjomand seguiu Skocpol ao centrar-se na estrutura de domínio pré-revolucionária, mas abriu o campo de visão, ao incluir meios de controlo social que não eram só políticos, mas também religiosos. Arjomand recordou que Weber, na sua discussão sobre dominação, havia-se centrado não só sobre o Estado, mas sobre a administração clerical, a que chamava «hierocracia». No caso do Irão, este conceito prestava-se a ajudar a compreender o clero xiita, a sua organização e a evolução da sua relação com o Estado iraniano. Tendo em vista tanto o Estado como a hierocracia, Arjomand argumentou que na Europa as revoluções modernas tinham sido dirigidas contra o Estado e contra a igreja, enquanto a Revolução Iraniana tinha sido parcialmente liderada por uma «igreja» contra o Estado. Na Europa, durante os séculos XVI e até ao século XVIII, o conflito entre a Igreja Católica Romana e as administrações políticas tinha ocorrido durante a ascensão de monarcas absolutistas, e muitas vezes a favor de governantes territoriais e políticos, que subjugavam o clero, podendo assim contar com o seu apoio para posteriores desafios. As revoluções modernas europeias a partir do final do século XVIII tinham em mira não só o trono, mas o altar. Já no Irão, argumentou Arjomand, a hierocracia manteve o seu poder e funções bem tarde no século XX; o Xá procurou restringir a independência do clero xiita e o seu controlo sobre recursos independentes do Estado, mas nos anos 70 o seu projecto estava longe de estar concluído (p. 389). No Ocidente, séculos separam os conflitos igreja-Estado e as revoluções políticas modernas; no Irão, os conflitos «igreja»-Estado coincidiram com uma revolução política moderna. «Na Revolução Islâmica do Irão», escreveu Arjomand (1986), «toda a hierarquia xiita sitiada se levantou contra o Estado» (p. 389). Expressando em termos europeus a experiência iraniana, os padres derrubaram o seu rei.

No entanto, o papel mais preponderante da religião não foi nas causas da Revolução Islâmica, mas no que Arjomand chamava de «direcção e consequências» (p. 383). Para Arjomand, a evolução de qualquer regime revolucionário devia ser entendida à luz da sua ideologia. No caso do Irão, e tendo em conta a liderança da hierocracia e a orientação religiosa dos intelectuais revolucionários, a ideologia revolucionária envolvia uma combinação inovadora entre o mito da revolução moderna enquanto renascimento purificador de toda uma ordem política e social, e elementos da religião islâmica. Esta poderosa mistura de «ideias de valor» foi «progressivamente definida e desenvolvida durante o processo revolucionário» e «mold[ou] significativamente a ordem política instalada pela revolução» (p. 384). Por outras palavras, os acontecimentos que tiveram lugar no novo regime quando os seus líderes tentavam consolidar o poder foram influenciados por uma ideologia revolucionária. Por exemplo, o «rigor moral e a busca de autenticidade cultural», típica de um movimento revolucionário, fez com que os novos líderes iranianos fechassem universidades, islamizassem o poder judiciário, codificassem a Lei Sagrada Xiita, impusessem a moralidade islâmica e exigissem que as mulheres cobrissem os seus corpos (p. 402–403). É certo que os regimes revolucionários irão sempre atrás dos seus inimigos, e até dos seus apoiantes de primeira hora. Arjomand simplesmente argumentou que a ideologia da revolução é aquilo que identifica o inimigo da revolução, cuja moralidade precisa de ser corrigida. A religião moldou o caminho da Revolução do Irão porque neste país os principais dirigentes e pensadores revolucionários seleccionaram e incorporaram ideias religiosas concretas no tecido da sua ideologia. Como resultado da revolução, os Estados Unidos não perderam apenas um ditador amigo que dominava um território com uma enorme riqueza petrolífera e situado na fronteira com o seu principal adversário global; tinham também agora de lutar contra uma nova ideologia revolucionária, apoiada por uma potência regional, que podia crescer e atrair seguidores, convertendo-se à segunda maior religião do mundo e de mais rápido crescimento. O que, em última análise, se torna importante compreender na Revolução Iraniana é a dimensão religiosa da sua ideologia fundadora.

Tendo analisado o argumento de um sociólogo cultural de que a Revolução Iraniana conferiu ao Islão um novo significado político, voltemo-nos agora para os cientistas políticos. Em contraste com o que passou na sociologia cultural, a ciência política comparativa aplicou e modificou teorias neomarxistas, considerações estruturalistas do Estado e conceitos político-económicos para explicar a Revolução Islâmica iraniana. Guiados por estas ideias altamente seculares, os cientistas políticos ignoraram a religião ou, quando a reconheceram, fizeram por subordiná-la à política e à economia. Nestes casos, as melhores abordagens centraram-se nas origens político-económicas da nova influência da religião na política. O primeiro artigo de ciência política sobre a Revolução Iraniana avançava que iria abordar «As Lições da Revolução Iraniana» (Razi, 1987). No entanto, as duas supostas lições eram advertências à ciência política bastante enfadonhas, de que a «legitimidade» (454), enquanto factor determinante da sobrevivência de um regime, tinha sido negligenciada, e de que a legitimidade e o «desempenho» (460) de um regime se influenciavam mutuamente. Infelizmente, em ciência política estas duas lições da Revolução Iraniana apenas reafirmavam banalidades da teoria da modernização cultural. Um ano depois, Farideh Farhi (1988) procurou usar e modificar a explicação de Theda Skocpol (1979) para as revoluções sociais de forma a incluir as que tinham ocorrido no Irão e na Nicarágua. A insistência de Farhi em privilegiar as teorias dos sistemas globais de Skocpol, Gramsci e dos neomarxistas em detrimento da religião está expressa no título do seu artigo, «Desintegração do Estado e Crise Revolucionária de Base Urbana», que nada diz sobre religião, e na análise que lhe segue, centrada no conflito de classes, nos conflitos interestatais entre centro e periferia, e «numa compreensão mais ampla da ideologia» (p. 231). Apenas a última frase subtilmente sugeria que os factores religiosos apareceriam no argumento.

Surpreendentemente, foi possível colocar a Revolução Iraniana num quadro comparativo *à la* Skocpol, dedicando ainda menos atenção à religião. Por exemplo, Richard Snyder (1992) procurou explicar os vários destinos possíveis das ditaduras neopatrimoniais, incluindo a de Mohammad Reza Shah, no Irão. Segundo Snyder, o regime do Xá, o de Somoza na Nicarágua e o de Batista em Cuba tinham caído em revoluções porque tinham todos uma autonomia institucional militar reduzida, movimentos moderados de oposição fracos, e forças revolucionárias pujantes. Ao agrupar o Irão com a Nicarágua e Cuba, prática comum entre cientistas políticos, Snyder desviava toda a atenção de factores religiosos subjacentes à revolução. Seria difícil invocar a religião enquanto explicação consistente para a revolução, especialmente dadas as tensas relações entre forças católicas e revolucionárias durante os primeiros anos da Revolução Cubana. Mas a desatenção à religião não é apenas explicada pela selecção e a classificação dos casos. Nem Skocpol nem os seus alunos usavam categorias que facilitassem a discussão da religião, como a categoria de ideologia. A religião e o Islão não foram sequer mencionados no relato de Snyder, nem mesmo para explicar a pujança das forças revolucionárias no caso iraniano. Snyder admitiu que, no que diz respeito às causas das ditaduras neopatrimoniais, o seu artigo não testava a influência das suas três variáveis políticas em relação a «factores sociais e económicos» (p. 380). É revelador da hegemonia intelectual do raciocínio político-institucionalista que o Islão nem sequer figurasse entre os factores que Snyder reconhecia não constarem da sua análise.

Outra forma de lidar com a religião foi argumentar que um certo tipo de economia política havia deixado o regime do Xá vulnerável ao desafio religioso. Hootan Shambayati (1994), nomeadamente, elaborou uma explicação político-económica para a relevância da religião na política iraniana. Shambayati resumiu o seu argumento ao afirmar que o Estado rentista do Irão tinha produzido uma «crise moral» de legitimidade que seria explorada pelos revolucionários. A sua análise era construída em torno de um *puzzle* empírico e teórico: por que razão o Irão, e não a Turquia, caiu numa revolução? Nos anos de 1960 e 1970, o Irão parecia gozar de estabilidade, enquanto a Turquia, instável, esteve sujeita a intervenções militares. Nos anos de 1970, «ambos os Estados enfrentavam exigências sociais crescentes», escreveu Shambayati, «no entanto, o Estado iraniano parecia autónomo, forte e estável». O Estado turco, por seu lado, sitiado por grupos de pressão, parecia incapaz de lidar com a crescente polarização e a violência política (p. 307). E, no entanto, apesar de sujeitos a pressões semelhantes, foi o Irão e o seu regime aparentemente seguro que conheceu uma revolução. Por que apanhou esta o Estado mais estável do Irão, e não o turco em constante tumulto?

Shambayati elaborou um novo argumento político-económico sobre as consequências de um modelo rentista. Num trabalho que começou sob a orientação de Lisa Anderson (p. 329), Shambayati seguiu a autora na convicção de que este sistema é uma peça fundamental da política em muitos países do Próximo Oriente (p. 309, 329). A visibilidade que Anderson deu à economia política do rentismo — veja-se Anderson (1987, pp. 9–10, 14–15) — marcou muitos académicos a trabalhar sobre o Norte de África e o Próximo Oriente. Tal como ela, também Shambayati defendia que a economia política, e não a cultura ou a religião, era a principal causa que explicava a natureza dos regimes políticos. Anderson (1987) argumentara que o modelo rentista «fomenta a competição ideológica não-económica pela qual a região é conhecida: não só o Estado é criticado por roubar e esbanjar o pouco do dinheiro do povo, mas também por laxismo moral, indecências religiosas e falhas de convicção» (p. 14). Por outras palavras, quando um Estado assegura as suas receitas por meio da venda de um recurso nacional a compradores estrangeiros, torna-se vulnerável a críticas de ordem ética. Mais, um sistema baseado num Estado rentista impede que surjam novas normas éticas. Como argumentou Anderson, «as fórmulas de legitimidade não são tanto reflexo da economia política contemporânea das relações entre Estado e sociedade, mas de concepções históricas, culturais ou religiosas sobre as obrigações dos governantes e dirigentes, e sobre os direitos e responsabilidades dos seus súbditos e seguidores» (p. 15). Resumindo, Anderson concordou com a descrição que Razi (1987) fez das normas políticas prevalecentes na região, mas defendeu que a persistência dessas antigas normas se devia à economia política de exportação de petróleo e à garantia de ajuda externa governo-a-governo. «A independência financeira dos governantes», argumentou Anderson (1991), «criou condições para que as reclamações mútuas se fizessem no plano não-económico» (p. 103). Segundo esta lógica, um governo que não precisasse de negociar com os seus cidadãos evitava ter de criar instituições seculares e expectativas éticas sobre a interacção entre governantes e cidadãos.

Concluindo, os paradigmas dominantes focalizados nas estruturas do Estado e da economia política limitaram consideravelmente a investigação no campo da ciência política comparada. Poucos cientistas políticos comparatistas tentaram explicar a Revolução do Irão. Quando a teoria da modernização já tinha sido abandonada por muitos, Razi (1987) perseverava corajosamente nesta tradição, apontando a religião como uma das causas de queda do Xá. Quando mais recentemente académicos experientes se voltaram para o Irão, interessaram-se fundamentalmente por factores políticos, político-económicos e internacionais, não dando à religião um tratamento sério. Entre as causas da revolução estiveram sobretudo estruturas estatais, como a natureza das forças armadas, o governo neopatrimonial do Xá ou as relações entre Estado e classe média urbana. Especialmente importante era compreender a dependência do Irão no sistema global, enquanto Estado periférico cujas receitas que provinham essencialmente da venda do petróleo. Os títulos seculares dos seus artigos retratam fielmente como estes académicos abordavam a política da religião: a religião podia ser simplesmente ignorada, como no estudo de Snyder (1992) sobre política de transição nos regimes neopatrimoniais; podia ser arrumada noutras categorias, como na análise que Farhi (1988) faz das classes intermediárias excluídas e das ideologias contra-hegemónicas; ou podia ser reduzida a um passo intermédio entre economia e política, como na alegação de Shambayati (1994) de que o modelo rentista gera uma oposição de natureza religiosa. Na minha opinião, o argumento de Shambayati foi precursor de abordagens mais recentes e inovadoras às dinâmicas do conservadorismo cultural. Mas a sua promissora visão tornar-se-ia pouco clara na medida em que o estilo de raciocínio que adoptava nas suas sínteses era consideravelmente mais familiar à política comparada. Em suma, para a política comparada que emerge no pós-Revolução Islâmica do Irão de 1979, as verdadeiras causas de fenómenos aparentemente religiosos, e até mesmo da primeira revolução religiosa do mundo moderno, foram a economia e a política.

Conclusão

A ciência política condicionou o estudo da religião e da política aquando do seu início como disciplina no final do século XIX, durante a criação do campo da política comparada nos anos da guerra fria, e mesmo quando muitos académicos se esforçaram por compreender a Revolução Islâmica e as suas repercussões. Enquanto a nova ciência do Estado tomava forma, a religião era somente analisada quando os arranjos constitucionais tratavam explicitamente das liberdades e instituições religiosas, ou a religiosidade popular diferia da religião das elites estatais. Sob a nova rubrica da política comparada, a religião foi reduzida aos elementos tradicionais do sistema social. Quando chegou o momento de interpretar a Revolução Islâmica, os comparatistas continuaram à procura das raízes político-económicas de um fenómeno cujo significado se situava mais adequadamente no domínio da religião. Estes três episódios no desenvolvimento da política comparada não fazem a história deste campo de investigação, claro, mas representam três momentos críticos de escolhas cruciais por parte destes académicos sobre como estudar religião e política. A teoria da secularização é uma parte da história, nomeadamente no que diz respeito à teoria da modernização de meados do século. Mas não é a história toda. A especialização disciplinar durante a criação da ciência política, e a primazia do político-económico e do estruturalismo no final do século XX, desempenharam um papel igualmente importante no adiamento da redescoberta da religião na ciência política comparada.

Referências

Almond, Gabriel A., «Comparative political systems», *The Journal of Politics*, 18(3): 391–409, 1956.

Almond, Gabriel A., «The Christian parties of Western Europe», *World Politics*, 1(1): 30–58, 1948a.

Almond, Gabriel A., «The political ideas of Christian Democracy», *The Journal of Politics*, 10(4): 734–763, 1948b.

Almond, Gabriel A., R. Scott Appleby, e Emmanuel Sivan, *Strong religion: The rise of fundamentalisms around the world*, Chicago: University of Chicago Press, 2003.

Anderson, Lisa, «The state in the Middle East and North Africa», *Comparative Politics*, 20 (1): 1–18, 1987.

Arjomand, Said Amir, «Iran's Islamic Revolution in comparative perspective», *World Politics*, 38(3): 383–414, 1986.

Almond, Gabriel A., «Comparative political systems», *The Journal of Politics*, 18(3): 391–409, 1956.

Almond, Gabriel A, «The Christian parties of Western Europe», *World Politics*, 1(1): 30–58, 1948a.

Almond, Gabriel A., «The political ideas of Christian Democracy», *The Journal of Politics*, 10(4): 734–763, 1948b.

Almond, Gabriel A., R. Scott Appleby, e Emmanuel Sivan, *Strong religion: The rise of fundamentalisms around the world*, Chicago: University of Chicago Press, 2003.

Anderson, Lisa, «The state in the Middle East and North Africa», *Comparative Politics*, 20 (1): 1–18, 1987.

Arjomand, Said Amir, «Iran's Islamic Revolution in comparative perspective», *World Politics*, 38(3): 383–414, 1986.

Baldwin, Simeon E., «Religion still the key to history», *The American Historical Review*, 12 (2): 219–243, 1907.

Baldwin, Simeon E., «The progressive unfolding of the powers of the United States. Presidential Address, Eighth Annual Meeting of the American Political Science Association», *The American Political Science Review*, 6 (1): 1–16, 1912.

Bellin, Eva, «Faith in politics: New trends in the study of religion and politics», *World Politics*, 60: 315–347, 2008.

Bowen, John Elliot, «The conflict of East and West in Egypt I», *Political Science Quarterly*, 1(2): 295–335, 1886a.

Bowen, John Elliot, «The conflict of East and West in Egypt II», *Political Science Quarterly*, 1(3): 449–490, 1886b.

Bowen, John Elliot, «The conflict of East and West in Egypt III», *Political Science Quarterly*, 1(4): 636–677, 1886c.

Burgess, John W., «The "Culturconflict" in Prussia», *Political Science Quarterly*, 2(2): 313–340, 1887.

Burgess, John W., «The recent constitutional crisis in Norway», *Political Science Quarterly*, 1(2): 259–294, 1886.

Cunningham, Charles H., «Origin of the Friar Lands Question in the Philippines», *The American Political Science Review*, 10: 465–480, 1916.

Douglass, John & Thomas, Sally (Org.), «Political science», *in* University of California History, Digital Archives (um recurso e fórum universitário sobre a história da Universidade da Califórnia). Retirado do website da Bancroft Library, University Archives: http://www.lib.berkeley.edu/uchistory/general_history/campuses/ucb/departments_p.html, 2005.

Farhi, Farideh, «State disintegration and urban-based revolutionary crisis: A comparative analysis of Iran and Nicaragua», *Comparative Political Studies*, 21(2): 231–256, 1988.

Gill, Anthony, «Religion and comparative politics», *Annual Review of Political Science*, 4: 117–138, 2001.

Goodnow, Frank J., «The work of the American Political Science Association», *Proceedings of the American Political Science Association,* 35–46, 1904.

Gryzmala-Busse, Anna, «Why comparative politics should take religion (more) seriously», *Annual Review of Political Science*, 15: 421–442, 2012.

King-Crane Commission Report, 1919, Report of [the] American section of Inter-allied Commission of mandates in Turkey. An official United States government report by the Inter-allied Commission on Mandates in Turkey. American Section. Reproduzido a partir de «First publication of King-Crane report on the Near East, a suppressed official document of the United States government.» Publicado pela primeira vez como «King-Crane report on the Near East» *in Editor & Publisher* [Nova Iorque, Editor & Publisher Co., 1922] v. 55, n.º 27, 2d section (Dec. 2) xxviii p. illus. (incl. map) Retirado do website de Internet Archive, Wayback Machine: https://web.archive.org/web/20080625193546/http://www.ipcri.org/files/kingcrane.html.

Lybyer, Albert Howe, «Recent political changes in the Moslem world», *The American Political Science Review*, 18: 513–527, 1924.

Philpott, Daniel, «Has the study of global politics found religion?», *Annual Review of Political Science*, 12: 183–202, 2009.

Rambaut, Thomas D., «The Hudson's Bay Half-Breeds and Louis Riel's Rebellions», *Political Science Quarterly*, 2(1): 135–167, 1887.

Razi, G. Hossein, «The nexus of legitimacy and performance: The lessons of the Iranian Revolution», *Comparative Politics*, 19(4): 453–469, 1987.

Shambayati, Hootan, «The rentier state, interest groups, and the paradox of autonomy: State and business in Turkey and Iran», *Comparative Politics*, 26(3): 307–331, 1994.

Skocpol, Theda, «Rentier state and Shi'a Islam in the Iranian Revolution», *Theory and Society*, 11(3): 265–283, 1982.

—, *States and social revolutions: A comparative analysis of France, Russia, and China*, Cambridge: Cambridge University Press, 1979.

Smith, Munroe, «The domain of political science», *Political Science Quarterly*, 1: 1–8, 1886.

Snyder, Richard, «Explaining transitions from neopatrimonial dictatorships», *Comparative Politics*, 24(4): 379–399, 1992.

Verba, Sidney, Lucian Pye, e Heinz Eulau, *Gabriel A. Almond (1911–2002)*, *Biographical Memoirs, 87*, The National Academies Press, National Academy of Sciences, Washington, D.C., 2005.

Wald, Kenneth D. e Clyde Wilcox, «Getting religion: Has political science rediscovered the faith factor?», *The American Political Science Review*, 100: 523–529, 2006.

Wald, Kenneth D., Adam L. Silverman, & Kevin S. Fridy, «Making sense of religion in political life», *Annual Review of Political Science*, 8: 121–143, 2005.

White, Andrew Dickson, *A history of the Warfare of Science with Theology in Christendom*. Nova Iorque: edição do Autor, 1896.

CAPÍTULO 6

GLOBALIZAÇÃO, NACIONALISMO E SEGURANÇA[1]

James Mayall

Introdução

Num mundo em que os grandes problemas são maioritariamente globais e atravessam as fronteiras nacionais com a leveza de um mosquito ou de uma mosca tsé-tsé, qual o papel da nação e da doutrina do nacionalismo? Irá deteriorar-se, numa espécie de imagem espelhada da previsão de Marx, e se assim for o que tomará o seu lugar? Ou funcionará uma vez mais como avatar da extrema direita, tornando-se a grande ameaça existencial ao Estado democrático liberal e à ordem internacional? Se ainda há lugar para esta doutrina, poderá ela ajudar a reinventar a sociedade internacional, direccionando-a para fins mais equitativos e harmoniosos? E se sim, como irá ela evoluir?

São questões extremamente actuais e ainda assim grandes questões. Como responder a elas? O objectivo do meu artigo é mais modesto: iniciar uma conversa sobre a evolução da relação entre nacionalismo e globalização, e sobre se é possível dizer algo sensato sobre o que vai ser essa relação no futuro. Neste sentido, deixem-me começar com duas histórias muito curtas que servem para enquadrar o desenvolvimento do

[1] Este capítulo corresponde à comunicação apresentada pelo Professor James Mayall no Colóquio «O que Sabemos sobre a Globalização?», organizado pelo programa de doutoramento em Estudos sobre a Globalização, no dia 17 de Fevereiro de 2018, na Biblioteca Nacional. [N. da O.]

mundo moderno. A primeira, atribuída ao jurista britânico Sir Henry Maine, no século XIX, retrata a mudança de um mundo dominado pelo *status* — no qual importava o poder sobre as pessoas — para um mundo governado pelo contrato — interessado no poder sobre as coisas. A segunda, cuja versão é tirada de Ortega y Gasset, ministro da Cultura do governo republicano espanhol antes da guerra civil, analisa esta transformação de um ponto de vista sociológico. Em foco está a história da liberdade, primeiro vivida apenas por governantes absolutos, depois por uma elite privilegiada, e, finalmente, em teoria, por todos.

Do *status* ao contrato

No âmbito da primeira história, o comércio de longa distância e a expansão religiosa ajudaram a integrar o mundo «conhecido», mas providenciaram também experiências de diferença social, cultural e política. No mundo dominado pelo *status* e pela hierarquia, essas experiências foram por vezes vistas como ameaça, outras como oportunidade, outras, porventura mais frequentemente, como uma combinação das duas.

Para simplificar, sem dúvida que grosseiramente, a política no mundo do *status* estava nas mãos de uma pequena elite que concentrava a identidade política. Mas, mesmo para esta elite, a política estava condicionada pela lealdade para com os que estavam imediatamente acima na hierarquia social mais do que por qualquer questão de etnicidade, cultura, ou, muito menos ainda, nacionalismo, em qualquer sentido estrito do termo. A massa da população vivia entre si, falava a sua língua, celebrava os seus costumes, mas não eram cidadãos, ou actores de pleno direito, eram objectos políticos — peões num tabuleiro de xadrez.

As coisas começaram a mudar quando uma combinação de conquista, comércio e conversão religiosa pôs em contacto cada vez mais pessoas. O comércio é o grande veículo de hibridação cultural, um difusor de gostos, acordos sociais e políticos, e crenças. Mas o comércio depende também da percepção da diferença — observação que levou David Ricardo a desenvolver a doutrina das vantagens comparativas — e de como estas são exploradas de forma lucrativa. Para começar, esta forma de globalização era protagonizada por uma classe muito alta: o comércio fazia-se em produtos de luxo e por isso se tornou uma espécie de apoio ou indústria de serviços da classe política. Por outro lado, a globalização era perfeitamente compatível com o mundo mercantilista da política de poder, o qual tinha sempre vencedores e perdedores, mesmo que a lógica da concorrência significasse que era prudente envolver-se no intercâmbio para evitar renunciar à iniciativa tecnológica.

Mas o comércio de longa distância não se transformou logo num mercado global — de facto, as primeiras companhias comerciais, que transaccionavam por decreto régio, obedeciam também a tratados especiais, ao abrigo dos quais era permitido aos operadores (era-lhes exigido mesmo) viver separadamente das populações autóctones. Deste modo, os sistemas de crença de ambos — importadores e exportadores — acabaram por influenciar a forma como as pessoas se identificaram, não só como parte do mesmo sistema, mas como objectos de diferença, suspeita e, mesmo, ameaça. O sistema de capitulações no Egipto que protegia os súbditos das potências ocidentais é um exemplo disso mesmo; outro é o posto comercial holandês de Nagasáqui, depois de os cristãos serem expulsos do Japão.

As conclusões que retiro desta história são três: primeiro, a de que o começo da consciência global remonta ao início do comércio de longa distância, sendo esta perfeitamente compatível com a natureza hierárquica das sociedades tradicionais. Ao conflito seguia-se frequentemente a cooperação, que resultava por sua vez em coexistência.

Em segundo lugar, a identidade nacional — e não a doutrina do nacionalismo — começa a ganhar forma como parte deste processo de globalização. Olhando para trás, identificamos a existência de protonações — na Ásia um exemplo seria o Japão; na Europa, os países com costa atlântica —, mas não de uma doutrina do nacionalismo, sustentando, designadamente, que as fronteiras políticas de um Estado soberano devem coincidir com as fronteiras nacionais da população.

Em terceiro, a viragem das relações pessoais para as contratuais — de um poder sobre as pessoas para um poder sobre as coisas — ocorreu lenta e desigualmente. Hoje, no Ocidente, qualquer aspecto da vida social, do dinheiro que usamos para fazer compras às condições de venda impressas no verso da caixa dos cereais da manhã, assumem a forma de contratos juridicamente vinculativos. Certamente, a prática disseminou-se globalmente. Contudo, em muitas partes do mundo, a ideologia contratual da modernidade coexiste com padrões tradicionais de comportamento que se mantiveram vivos até hoje. Um exemplo que deixa apreensivas as sociedades ocidentais que foram alvo de ataques jiadistas é o sistema *hawala* de transferências financeiras — alegadamente criado no século VIII mas ainda amplamente usado no mundo islâmico.

Direitos para as massas

Na segunda história entramos no mundo mais familiar da sociedade de massas, no qual, em teoria, o Estado pertence ao povo. Todos — e não apenas a elite — dependem das trocas no mercado global. Ao mesmo tempo, a crescente integração material do mundo, reforçada em grande parte pelos meios de comunicação social modernos, intensificou, mais do que atenuou, a questão da identidade política e nacional. As pessoas sempre circularam, temos inúmeros registos de itinerantes medievais que nunca voltaram aos países de origem, desaparecendo entre a população de acolhimento — japoneses no México, italianos na Índia, escravos libertos da África Ocidental na Europa. Até recentemente, a assimilação não era uma escolha, era o preço que aqueles que saíam de casa tinham de pagar para sobreviverem. O mesmo já não se passa hoje, somos como caracóis, carregamos as nossas identidades onde quer que vamos. Sem dúvida, isto é um conforto em muitas situações. Mas também pode ser uma maldição, que alimenta sentimentos de paranóia e preconceito entre a população de acolhimento, e de exclusão, discriminação e vitimização entre os migrantes.

O que tem tudo isto a ver com a expansão do nacionalismo e a história da liberdade? A resposta é mais simples do que parece. Intimamente associado ao autoritarismo do período entre guerras, o nacionalismo no Ocidente é ainda amplamente interpretado, não como progresso, mas como reacção. Vale a pena recordarmos, portanto, o elo primitivo entre nacionalismo e emancipação. A Revolução Francesa — e mais tarde a versão britânica da mesma — definiu nação como uma comunidade de cidadãos e não de linhagens ou ascendências. Obviamente, esta não era uma questão simples, mas, como sugerem os escritos de Mazzini, não foi difícil para os democratas do século XIX combinar princípios étnicos e liberais sem ver nisso uma contradição.

A relação simbiótica entre integração global e consciência nacional, forjada antes da era do nacionalismo, foi continuada e constantemente densificada pelo paradoxo da expansão imperial liberal. A reacção contra a ordem do mercado foi em larga medida um processo doméstico — nomeadamente quando falhou, na década de 1930 —, o que só se alteraria muito depois da Segunda Guerra Mundial, quando os impérios europeus começaram a desintegrar-se. Enquanto o sistema imperial persistia, era possível controlar a contradição entre liberdade e identidade exclusiva — as pessoas circulavam, mas não em número suficiente que ameaçasse a ordem política.

O movimento de massas coloca dois desafios. O primeiro é económico e político. Num período de austeridade económica, este movimento tem permitido à extrema direita arrebatar aos liberais e social-democratas o simbolismo da identidade nacional e do patriotismo. A segunda dimensão é ideacional, e pode, a longo prazo, tornar-se mais relevante. Nas sociedades ocidentais, a presença de um grande número de pessoas com diferentes origens culturais, reivindicando os mesmos direitos dos restantes, é vista pelos seus oponentes como revelador da falsa pretensão de universalidade, que os liberais ocidentais sempre reivindicaram como estando subjacente aos valores ocidentais. Não há dúvida de que a reivindicação de um conjunto de direitos universais e inalienáveis tem grande apelo transcultural. Por outro lado, nenhum governo soberano, além daqueles que assinaram a Convenção Europeia dos Direitos do Homem, se dispôs a renunciar à sua interpretação de como esses direitos devem ser aplicados na sua jurisdição.

Está na moda pensar na Guerra Fria como uma guerra civil ocidental sobre o modelo de modernidade — individualista *versus* colectivista, capitalista *versus* comunista — a seguir no futuro. Neste contexto de cisma doutrinário o nacionalismo — a proposta de «uma cultura, um Estado» — passaria para segundo plano, mas ainda assim manter-se-ia central em dois aspectos. O primeiro, burocrático: o sistema internacional organizou-se com base em diferentes «Estados-nação». É difícil conceber como poderia ter sido organizado de outra maneira. Aqueles que defendem o desaparecimento da nação como resultado da globalização, nunca conseguem explicar o que vai substituir a base tributária fornecida por uma comunidade nacional de cidadãos, necessária para financiar, por exemplo, infra-estruturas de energia ou o sistema de esgotos de uma cidade como Lisboa. O segundo aspecto é que, qualquer que fosse o modelo de modernidade seguido, o Estado estava destinado a pertencer ao povo. E no momento em que esta reivindicação é feita, torna-se imprescindível saber quem é o povo, e logo a ideia de nação, enquanto comunidade circunscrita e inteiramente interligada, regressa pela porta dos fundos.

O Ocidente venceu a guerra fria, mesmo se por desaparecimento do mundo soviético. Num certo sentido, isto foi extremamente infeliz. É certo que o Estado-nação continua a ser a forma política incontornável do mundo moderno. Mas a definição de nação varia consideravelmente, desde a comunidade de cidadãos organizada em torno de um Estado constitucional, à que reclama pertencer a uma família alargada de um ponto de vista biológico e étnico. As grandes potências nunca desistiram de tentar refazer a sociedade internacional à sua imagem, por isso não é de surpreender que os principais Estados no Ocidente tenham insistido na democracia constitucional como único modelo legítimo. Foi uma fórmula que esteve prestes a fracassar e que produziu resultados perversos como demonstra a história das duas últimas décadas no Próximo Oriente e noutros lugares do Sul Global.

No entanto, ainda vivemos num mundo de supostos, senão sempre convincentes, Estados-nação. O problema é que, enquanto não se vislumbra alternativa, estes tornam-se progressivamente menos coerentes, e nos países ocidentais começam mesmo a ser percepcionados como ameaçadores e pouco estáveis. Afirma-se frequentemente que isto se deve à facilidade nas comunicações modernas. Poucos países são etnicamente tão homogéneos quanto afirmam. Alguns, como o Japão, foram extremamente bem-sucedidos no desenvolvimento de sociedades culturalmente homogéneas, e, no entanto, até a etnicidade japonesa resulta de uma omeleta genética. O que se passa hoje de diferente é que o processo de quebrar ovos ocorre à vista de todos. Este já não é convenientemente ocultado pela amnésia de uma assimilação necessária. Por outro lado, a moderna TI[2], ao mesmo tempo que facilita a migração em massa, reduz a pressão de assimilação sobre os migrantes e a capacidade dos Estados para gerir o fluxo migratório. Foi este descontrolo que num período de mau tempo económico alimentou a ascensão do nacionalismo

[2] Iniciais para Tecnologia de Informação. [N. do T.]

exclusivista de extrema direita em toda a Europa, que no Reino Unido foi tão longe que empurrou o país para o *Brexit*.

Nacionalismo num mundo globalizado

Posto isto, para onde estamos a ir e qual o futuro da nação nesta trajectória? Ao comparar as duas histórias, podemos concluir que faz sentido dizer que a nação — pelo menos enquanto forma política — não é eterna. Se houve um tempo antes da nação, logicamente haverá um depois. Mas não tendo nós experiência de um Estado pós-nacional, é impossível dizer que formas irá tomar. Há cinquenta anos, quando comecei a estudar relações internacionais, especulava-se sobre a emergência de um novo medievalismo. O termo, que penso ter sido cunhado por Hedley Bull, em *The Anarchical Society* (1977), sugeria que estávamos a entrar num período de jurisdições sobrepostas, em termos gerais semelhante ao que tinha acontecido no Ocidente aquando da transição do feudalismo para o Estado centralizado. Ainda hoje, instituições modernas como a antiga Comunidade Económica Europeia, ou princípios políticos modernos como a subsidiariedade, ou o crescimento do regime multilateral dos direitos humanos, dão alguma credibilidade a esta visão progressista do mundo; mas também é verdade que contribuíram para aumentar o fosso entre os que ocupam posições privilegiadas (classes política e profissional) e a massa do povo, apática ou cada vez mais alienada do quadro democrático liberal.

Temos algumas razões para sermos optimistas. No passado, os nacionalismos expansionistas criaram impérios, os quais geraram, por sua vez, o nacionalismo anticolonial. Já não existem impérios formais e para todos os efeitos a descolonização europeia está concluída. A ameaça de uma guerra global entre as grandes potências não desapareceu, mas foi consideravelmente reduzida e o número de guerras entre Estados alimentadas pelo nacionalismo também diminuiu. Por outro lado, também temos razões para sermos pessimistas. Certamente que a violência não acabou mas em muitas partes do mundo foi internalizada, deslegitimando o Estado a vários níveis, o que nalguns países resultou em violentas guerras civis, enquanto noutros levou à discriminação contra minorias e ataques terroristas aleatórios.

O problema de reconstruir a legitimidade dos Estados torna-se ainda mais grave nas actuais circunstâncias económicas. Para a maioria dos governos, a austeridade é uma política de necessidade, apoiada pelo facto de o conceito de economia nacional já não ser uma realidade na maior parte dos países. Isto fez com que os governos nacionais mais tolerantes e liberais fossem empurrados para uma posição defensiva, enquanto os movimentos autoritários e nacionais exclusivistas estão a florescer.

Concluindo, talvez seja útil recordarmos dois pontos. Primeiro, não existe ainda alternativa realista ao Estado soberano. Em segundo lugar, nós temos de viver nalgum lugar e, portanto, seremos sempre marcados pela cultura que nos rodeia. Sabemos que este processo muda em todo o lado, mas que na maior parte das vezes acontece muito lentamente. É importante lembrarmo-nos, pois, de que a consciência nacional não começou como movimento político, mas como movimento cultural e conservacionista. Foram os antiquários, folcloristas, coleccionadores de música popular e aqueles determinados a salvar línguas ameaçadas que reuniram os recursos, mais tarde apropriados pelos políticos. Numa época em que se começa a reconhecer a importância da biodiversidade, talvez os nacionalistas devessem regressar às suas origens.

Referência

Bull, Hedley, *The Anarchical Society: A Study of Order in World Politics*, Londres: Macmillan, 1977.

QUARTA PARTE

SUSTENTABILIDADE DO SISTEMA TERRESTRE

NOTA INTRODUTÓRIA

Ana de Jesus, Giulia Iannuzzi, Inês Cosme, Luís Dias, Patrícia Tourais, Pedro Clemente[1]

Nas últimas décadas a globalização promoveu o crescimento económico, melhorias nos padrões de vida e a prosperidade das populações. Contudo, este progresso influencia a capacidade regenerativa dos sistemas ecológicos do planeta, criando desafios ambientais complexos e interrelacionados à escala global, como as alterações climáticas, a sobre-exploração de recursos naturais, a disrupção de ecossistemas e a perda de biodiversidade. Num mundo cada vez mais interdependente, mitigar os impactes desses problemas ambientais globais gera novas tensões políticas, económicas e sociais, mas também novas oportunidades de cooperação.

A globalização é uma tendência incontornável no mundo de hoje e gera uma crescente interdependência entre as sociedades por meio de redes complexas de forças e fluxos de tecnologia, comércio, ideias, pessoas ou informações. Esses fluxos entre países desafiam constantemente a capacidade tradicional das instituições de governança, tornando obsoletas as construções ocidentais da soberania do Estado, impossibilitando que este exerça um controlo absoluto e abrangente sobre seu domínio territorial. Os Estados ainda perduram como fonte importante e incontornável de regulação no mundo actual, mas a governança tornou-se transversal e distintamente composta por

[1] Bolseiros de doutoramento FCT (respectivamente: PD/BD/52295/2013, PD/BD/106025/2014, PD/BD/52299/2013, PD/BD/128452/2017, PD/BD/128446/2017, PD/BD/106024/2014).

vários níveis de decisão, emanando de diversos actores, com diferentes prioridades e com condições de legitimidade e autoridade que nem sempre são claras. Uma resposta eficaz a estes novos desafios globais requer a participação de múltiplos actores, novas ideias, estratégias personalizadas e novos mecanismos para soluções coerentes a múltiplas escalas.

Existe uma tendência crescente no número de iniciativas transnacionais e um crescimento pronunciado de instituições supra-territoriais que, em alguns casos, operam com autonomia dos Estados. Essas redes internacionais geraram inúmeros acordos multilaterais em questões ambientais que transcendem as fronteiras dos Estados. As Nações Unidas surgem como o mais proeminente órgão de governança com competência global, tendo promovido inúmeras iniciativas e acordos ambientais como o protocolo de redução das emissões de enxofre e consequentemente dos seus fluxos transfronteiriços, adoptado em Helsínquia, a 8 de Julho de 1985, como destacado por Helen ApSimon. Estes desafios globais promoveram também um crescimento de acordos de regulamentação transfronteiriços, onde os Estados agem colectivamente. Serve de exemplo o combate à acidificação das chuvas, em que apesar das dificuldades nas negociações para o estabelecimento de protocolos e inclusão de vários actores, foi possível alcançar acordos, tendo os impactes na saúde humana sido um factor essencial e agregador dos diferentes Estados.

Ainda no contexto das iniciativas transnacionais, Paulo Magalhães lança o debate sobre a incapacidade dos actuais regimes económico e jurídico dos Estados captarem a total extensão dos valores providenciados pelos sistemas naturais, em particular, os chamados «bens comuns» que funcionam além-fronteiras e a diferentes escalas. Estes regimes continuam a encarar o planeta Terra como um território dividido em Estados soberanos, tratando como bens comuns globais apenas os espaços remanescentes desta divisão, como o alto-mar ou a Antárctida. Tendo por base estas premissas, Paulo Magalhães propõe uma nova instituição de governança global — um Condomínio Planetário — baseada num sistema global de medição e monitorização, que assenta no reconhecimento no regime jurídico internacional do Sistema Terrestre como «Casa Comum da Humanidade». Este formato foi desenhado para que coexista com os regimes legais dos Estados soberanos, criando um sistema global entre as leis da Natureza, as leis jurídicas e as leis económicas.

A globalização também criou oportunidades para que estruturas de governança subnacionais, como municípios ou cidades, se envolvam activamente em esferas de decisão além da sua área territorial ultrapassando as fronteiras do país em que se inserem. As cidades constituem centros da economia global actual, abrigam mais de metade da população global e consequentemente são onde o consumo de recursos como água, energia e alimento é mais intenso. As cidades suportam o bem-estar básico da população, providenciando os recursos e infra-estruturas necessárias. Contudo, concentram também um conjunto de impactes ambientais que na maioria se estendem a outras cidades, áreas rurais e outros países, tornando-se problemas transfronteiriços, como é exemplo o caso da poluição atmosférica, sendo esse o foco de investigação das últimas décadas de Helen ApSimon.

Factores actuais e futuros como as alterações climáticas, crescente urbanização e escassez de recursos apresentam riscos adicionais à capacidade funcional das cidades. Estes factores, aliados a uma sociedade progressivamente globalizada, podem reduzir a atractividade das cidades em termos de investimento económico, criando uma nova era de competição socioeconómica entre cidades. As metas do Objectivo de Desenvolvimento Sustentável n.º 11 das Nações Unidas e a Nova Agenda Urbana do Habitat III evidenciam a importância das cidades na criação de um futuro sustentável global. Desafios como a redução das desigualdades ou o combate às alterações climáticas exigem acções da responsabilidade dos governos locais em áreas como o planeamento, habitação, infra-estruturas ou serviços básicos. A implementação de instituições de cooperação ao nível urbano como o Pacto de Autarcas é também revelador do poder transformador internacional das cidades como actores relevantes no futuro da governança global.

Para além do papel dos Estados e das diversas instituições de governança supra e subnacionais, os debates actuais reflectem sobre o papel a desempenhar pela sociedade civil na promoção de mudança para uma transição para a sustentabilidade. Em particular, em que medida os cidadãos devem ser responsabilizados, relativamente ao que acontece com outros agentes como os Estados e o mercado. Considerando a sociedade civil como cidadãos, organizações e associações, os seus contributos podem passar pela colaboração no desenho e implementação de políticas públicas ou pela criação de grupos de cidadãos que explorem alternativas e inovação tecnológica e social ao nível local, desta forma estimulando um progresso incremental e impondo pequenas mudanças de dentro do sistema no sentido de o melhorar. Por outro lado estes actores podem também criar e promover movimentos de contestação que reclamem uma mudança estrutural mais profunda, visando combater as razões subjacentes e os vectores da degradação ambiental. Estas contribuições podem ser locais, como o desenvolvimento de alternativas de produção e consumo de alimentos, ou mesmo adquirir uma escala global através de movimentos ambientalistas internacionais. Vários aspectos podem influenciar o grau de acção da sociedade civil, como disparidades no rendimento *per capita*, diferenças nas oportunidades de educação, medida de compaixão por indivíduos humanos distantes no tempo (gerações futuras) ou no espaço (em localizações geográficas distantes), ou o nível de equidade e justiça na alocação de recursos entre humanos e outros seres vivos.

A urgência colocada pelo desafio existencial global da problemática ambiental, exige hoje um debate activo sobre medidas que poderão ajudar a incentivar e reforçar o papel desempenhado pela sociedade civil. Nesse quadro, a inclusão de uma efectiva participação pública nos processos de tomada de decisão ambiental contribuirá para aumentar a consciência e reforçar a autoridade e envolvimento das comunidades, promovendo uma cidadania activa. Numa perspectiva de baixo para cima, as redes internacionais de difusão de ideias e boas práticas são também formas de intensificar a acção social.

Alcançar a sustentabilidade num mundo complexo e com recursos limitados é um dos maiores desafios económicos e políticos do século XXI, em particular quando se considera o rápido aumento da população e da procura, acompanhado pelo crescimento industrial. Este debate estende-se à arena dos negócios, devido ao papel adoptado por algumas empresas, principalmente as multinacionais, no desenvolvimento em áreas específicas do planeta, nomeadamente nos países do Sul Global. Vários factores têm incentivado as empresas a incorporar princípios de sustentabilidade na sua estratégia corporativa, como a crescente regulamentação imposta pelos Estados, o aumento da consciencialização global para a problemática das alterações climáticas e uma afirmação progressiva da perspectiva de interdependência entre sucesso económico e gestão ambiental. Empresas que adoptam a sustentabilidade com base numa visão holística procuram a diferenciação face a concorrentes e a criação de valor para a sociedade, para além da perspectiva de responsabilidade social. Esta abordagem geralmente implica repensar e reestruturar o modelo de negócio, com base nos conceitos de gestão do ciclo de vida do produto ou serviço e de circularidade.

Embora sejam as empresas flexíveis e inovadoras a liderar a transição, o paradigma actual de economia linear e exploração ilimitada dos recursos naturais ainda é o dominante, com as empresas concentradas em garantir custos de produção baixos, através de várias medidas, incluindo a deslocalização da produção para países com legislação ambiental pouco exigente, dificultando assim os esforços globais para a sustentabilidade. Noutros casos, a abordagem à sustentabilidade passa por uma estratégia de *marketing*, com pouca implementação real nas empresas, constituindo casos de *greenwashing* ou fraude, como por exemplo o escândalo relativo aos níveis de emissões dos veículos do grupo Volkswagen. O desafio na integração da sustentabilidade nas empresas recai assim em como promover e acelerar a transição de um paradigma focado no controlo de custos, resultados a curto prazo e lucro para uma abordagem holística e de longo prazo que visa a criação de valor para a sociedade.

A sustentabilidade do sistema terrestre encontra-se intrinsecamente relacionada com um conjunto de efeitos de globalização. Esta ligação não se restringe às externalidades ambientais negativas associadas a um exponencial desenvolvimento socioeconómico global, mas inclui também desenvolvimento e aplicação de soluções de melhoria de relação entre os sistemas sociais e económicos e o sistema ecológico que os suporta. Os capítulos seguintes indicam alguns exemplos de como potenciar sinergias e capacitação da sociedade para desafios futuros e a relação com processos de globalização.

CAPÍTULO 7

A POLUIÇÃO ATMOSFÉRICA TRANSFRONTEIRIÇA E A CONVENÇÃO DA UNECE: UM ESTUDO DE CASO EM SUSTENTABILIDADE[1]

Helen ApSimon

Estou impressionada com a amplitude das questões de sustentabilidade discutidas nesta conferência. Começo com uma pergunta simples. Todos conhecemos as imagens da Terra tiradas do espaço por satélite. Mas alguma vez experimentaram calcular o espaço que existe por pessoa no planeta? A conta é simples: se a Terra é uma esfera com um de raio de 6.370 km, a sua área de superfície total é de 500 milhões km^2. Esta área inclui todos os oceanos, desertos, massas de gelo e zonas inabitáveis. Ao dividir este valor pela actual população mundial, cerca de 7,5 mil milhões, chega-se a uma superfície de 260x260 metros por pessoa. Área surpreendentemente pequena, não é? Talvez não seja de espantar que nos deparemos com questões de sustentabilidade no nosso ambiente. Nesta apresentação, irei analisar aquelas relacionadas com a poluição do ar e da atmosfera.

Com o avanço da revolução industrial, um crescente número de problemas relacionados com poluição do ar foi ocorrendo em larga escala nas cidades. Estes começaram por ser objecto de medidas

[1] Este capítulo corresponde à comunicação apresentada pela Professora Helen ApSimon no Colóquio «O que Sabemos sobre a Globalização?», organizado pelo programa de doutoramento em Estudos sobre a Globalização, no dia 17 de Fevereiro de 2018, na Biblioteca Nacional. [N. da O.]

locais, como o uso de combustíveis não fumígenos ou a construção de chaminés altas que direccionavam a poluição para fora das cidades. Mas estas medidas acabaram por aumentar a escala do problema, ao exportar poluição para outros países, transformando-a num fenómeno continental. A poluição atmosférica tornou-se uma questão internacional, que irei abordar tomando como estudo de caso a colaboração que mantive com a Comissão Económica para a Europa das Nações Unidas (UNECE), a qual visava desenvolver protocolos internacionais para abordar este problema. A UNECE é um órgão interessante porque inclui a Europa e a Rússia, tendo o referido trabalho sido desenvolvido durante as grandes mudanças na Europa Oriental e a expansão da União Europeia (EU).

Esta é uma história de colaboração internacional bem-sucedida que espero que possa ser seguida noutras áreas do mundo onde se verifica desenvolvimento industrial. Penso que este sucesso assenta na construção de interfaces adequadas entre cientistas de diferentes disciplinas, economistas, políticos e decisores. Espero que este estudo de caso consiga ilustrar estas interfaces.

O problema que irei abordar, e que está na base deste trabalho, é o da chuva ácida. Foi nos anos de 1970 que se chegou à conclusão de que as florestas na Europa estavam a morrer. Isto não acontecia apenas em áreas que se sabiam poluídas, como o Triângulo Negro (veja-se fotografia da República Checa na Figura 1), mas em zonas remotas, como a Escandinávia, onde se julgava que o ar estaria limpo. Também nos lagos se registavam alterações que por sua vez afectavam as populações de peixes. As observações ao grau de acidez da chuva, realizadas em toda a Europa, forneceram uma pista importante: revelaram que, em vastas áreas do continente, em vez da sua acidez natural, com pH em torno de 5,6 (um pouco ácido devido ao CO_2 na atmosfera), a chuva apresentava níveis de cerca de 4,5 — mais próximo da cerveja! Obviamente, isso não era natural. Mais, se numa área poluída subíssemos ao cume de uma montanha, encontraríamos nuvens que se pareciam com sumo de limão ou vinagre. A isto se chamou o problema da chuva ácida.

FIGURA 1
Degradação das florestas no Triângulo Negro, Europa Central

© 2020 Helen ApSimon.

Paralelamente, havia os acontecimentos na esfera social e económica. Após a Segunda Guerra Mundial, marcada pelo abrandamento da indústria e do uso de energia, seguia-se a recuperação, com um desenvolvimento extensivo da nossa indústria e do nosso uso do carvão. Isto levou a um rápido crescimento das emissões de dióxido de enxofre na Europa, como ilustrado na Figura 2. A sustentabilidade dessa expansão económica e industrial passou a ser o problema.

O desafio estava em como lidar conjuntamente com os aspectos sociais e ambientais; o que significava ter uma organização internacional, como a UNECE, que conseguisse reunir países diferentes. A conexão entre dióxido de enxofre e chuva ácida já tinha sido identificada em 1985, tendo a queima de carvão sido apontada na altura como a principal causa; e um acordo preliminar para reduzir em cada país as emissões de SO_2 até 30%, em relação ao ano de 1980, já tinha sido alcançado, o qual estabelecia 1993 como data-limite. Como se pode ver na Figura 2, as emissões começaram a diminuir a partir do pico em 1980. Dois países não assinaram este acordo: o Reino Unido, que alegou que já tinha começado a reduzir as emissões e que tal deveria ser levado em conta;

FIGURA 2
Emissões europeias anuais de SO_2

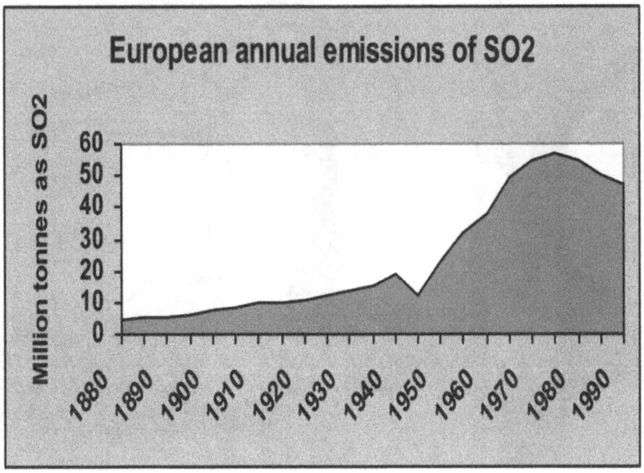

Fonte: Elaborado pela autora.

e a Polónia, que argumentou que o proposto era demasiado dispendioso e não sustentável economicamente.

Mas este primeiro acordo não foi suficiente, e mais reduções foram necessárias. O problema residia no facto de certas regiões da Europa serem mais vulneráveis e de alguns países contribuírem muito mais para os problemas nessas áreas sensíveis do que outros. Como conseguiríamos nós uma solução justa que tivesse por base o princípio do poluidor-pagador?

O primeiro passo foi colocar a questão certa aos cientistas do solo e biólogos que conheciam as florestas e os ecossistemas naturais: quais os níveis de deposição sustentáveis e sem efeitos adversos? Precisávamos de uma resposta simples, na forma de mapa, que identificasse a quantidade de enxofre que podia ser depositada por ano, em segurança, nos diferentes solos e áreas naturais da Europa. Foi constituído um Grupo de Acção que reuniu cientistas peritos para desenvolver um modelo de equilíbrio simples e formular directrizes para o mapeamento das «cargas críticas» (em níveis sustentáveis) de deposição anual, em função do solo e de outras características locais; e disseminar esse conhecimento pelos diferentes países de forma a dar consistência a esse mapeamento.

Esta forma de trabalhar era estranha a muitos cientistas, habituados a produzir artigos científicos sob pressão numa linguagem que poucos compreendiam! Porém, é um bom exemplo de colaboração na resolução de um problema internacional.

Foi depois necessário abordar os cientistas da atmosfera, neste caso contando com a liderança dos serviços meteorológicos noruegueses. Estes cientistas trabalhavam com modelos complexos de previsão do tempo e de dispersão atmosférica, mas faltava uma análise da repartição na fonte que esclarecesse quanto estava cada país a contribuir para a deposição nas áreas sensíveis. A modelação foi realizada com o modelo EMEP, desenvolvido para detectar de onde provinha o enxofre depositado nestas áreas. Os resultados foram por vezes embaraçosos, como mostra a Figura 3, com os níveis de deposição na Noruega que tinham origem no Reino Unido, e que variavam em função do ano e da meteorologia. Com a ajuda dos ventos dominantes, o Reino Unido, um dos países da Europa ocidental com um grau de emissão mais elevado, contribuía muito mais para a deposição na Noruega do que a Noruega para o Reino Unido. Não foi fácil ser cientista do Reino Unido nesta altura! E, todavia, segundo o princípio do poluidor-pagador, não havia dúvidas de que aqueles que causavam poluição tinham de tomar medidas para combatê-la.

FIGURA 3
Distribuição das fontes de deposição entre os dois países

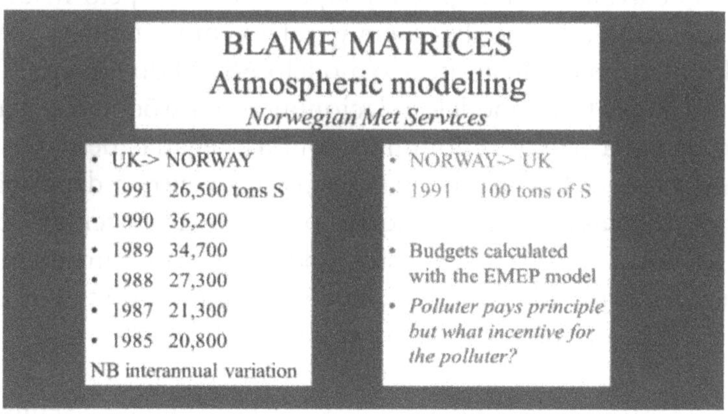

Fonte: Elaborado pela autora.

De seguida, foi necessário compreender como reduzir as emissões e quais as tecnologias que estavam disponíveis. Começou-se por compilar os diversos inventários de emissões realizados em cada país numa base consistente, que desse conta das fontes e tecnologias existentes. Esta é uma prioridade quando se abordam problemas de poluição atmosférica ou outros problemas ambientais, sendo que no caso presente resultou em directrizes exaustivas sobre a compilação de inventários de emissões na Europa que foram usadas mais tarde noutros países.

Havia depois a necessidade de esperar dez ou mais anos e prever como as emissões iriam acompanhar as projecções de energia e transportes também em constante evolução. Este é um problema complicado que acarreta muitas incertezas, com cada país a olhar para o futuro de forma diferente. Uma outra alternativa era usar um modelo que previsse cenários futuros de energia para a Europa, de forma regular. Mais ainda, tornava-se necessário saber quais as tecnologias disponíveis para reduzir emissões, a sua eficiência e os seus custos. Nesta área, o International Institute for Applied Systems Analysis (IIASA) tomou o comando ao disponibilizar estimativas da capacidade de cada país para redução das suas emissões futuras em função do aumento de custos, produzindo, para cada um, a chamada «curva de custos» para redução das emissões à medida que aumentam os encargos com as mesmas.

Toda esta informação desconexa teve de ser reunida para que os custos efectivos da redução de emissões nos diferentes países pudessem ser sugeridos e trabalhados nas negociações internacionais. Isto envolveu «modelos de avaliação integrada», supervisionados pelo IIASA, como o modelo RAINS, desenvolvido em paralelo com o modelo CASM do Swedish Environment Institute, e o modelo ASAM do Imperial College, no Reino Unido. Cada modelo relacionou as emissões e o potencial de redução de cada país, em conjunto com as pegadas de deposição de enxofre em toda a Europa, e uma comparação entre a deposição total e as cargas críticas almejadas, enquanto critério de sustentabilidade do ambiente contra a chuva ácida. Estes modelos procuraram assim formas mais eficazes, em termos de custo, de disseminar o esforço que diversos países estavam a fazer para melhorar a situação.

A Figura 4 ilustra alguns resultados do modelo ASAM. Cada ponto no gráfico corresponde a um conjunto de valores-limite de emissão que devem ser alcançados respectivamente por diferentes países: o eixo do y

FIGURA 4
Melhoramento optimizado na protecção de ecossistemas em função do custo (modelo ASAM)

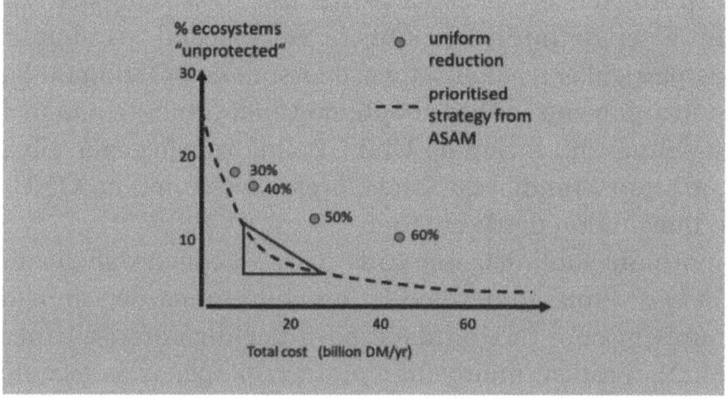

Fonte: Elaborado pela autora.

indica a quantidade total de deposição que ultrapassa as cargas críticas definidas de modo coordenado para os vários países europeus, e o eixo do x fornece o custo total das medidas implementadas. É manifesto que nalguns países existem medidas de baixo custo que melhoram muito a situação, e que, obviamente, devem ser postas em prática. No entanto, cada vez se torna mais dispendioso reduzir o excesso de deposição num cenário em que os custos gerais aumentam — sendo que, no limite, esforços adicionais podem não se traduzir em melhoramento. Deste modo, as medidas introduzidas na extremidade plana do gráfico não são eficazes. Por essa razão existe um triângulo de interesse para a negociação, no qual se indica o valor de redução das emissões que os países devem aceitar. Note-se que a qualidade de melhoramento que resulta deste compromisso é muito maior do que se a mesma quantia fosse investida em reduções percentuais maiores e iguais para todos os países.

Todavia, alguns países, como o Reino Unido, tiveram custos substanciais e com pouco benefício. Nesses casos foi necessário voltar ao nível local e ver que outros argumentos poderiam persuadir uma tomada de medidas. No caso do Reino Unido foi possível mostrar que existiam benefícios para o país, em termos de redução da sujidade e da degradação dos edifícios, e que estes podiam mesmo superar os custos. Esta foi uma altura em que, apesar do *smog* de Londres e das melhorias produzidas pelo *Clean Air Act*, a poluição atmosférica e os seus impactos na saúde passaram a ser de interesse público: em especial, os efeitos que as pequenas partículas resultantes das emissões de SO_2 tinham na saúde. Este foi um argumento de peso no Reino Unido, embora não pudesse ser usado, na altura, no fórum da UNECE_uma vez que caía sob a alçada da Organização Mundial da Saúde, órgão autónomo da ONU — uma situação que mudou desde então.

É importante sublinhar que cada país, ao concordar que um dado valor-limite de emissão devesse ser atingido numa determinada data, ficava também com flexibilidade para decidir como alcançar essas reduções. Na prática, muitos não aplicaram apenas as tecnologias de fim-de-linha, como sugerido pela modelação, mas adaptaram-se de outras formas, substituindo, por exemplo, carvão por gás.

Foi extremamente satisfatório ver o «segundo protocolo do enxofre» assinado e ratificado, o que estabeleceu um precedente para novos acordos. Já na altura era evidente que eram múltiplos os problemas de poluição atmosférica transfronteiriça decorrentes das actividades combinadas dos países europeus, e o dióxido de enxofre não era o único culpado. Temos agora mais protocolos sobre «multi-poluentes com multi-efeitos», que são mais complexos e visam responder a um conjunto de poluentes e ao seu impacto na saúde humana, sobre culturas agrícolas e florestas, nos ecossistemas naturais e sobre a biodiversidade. Estes incluem aspectos que podem ser mais preocupantes nos países do sul da Europa, como o aumento da concentração de ozono resultante da interacção entre poluentes na presença de luz solar.

Estes desenvolvimentos aconteceram num período interessante do desenvolvimento europeu e de expansão da UE, com países como a Polónia e República Checa, bem como a antiga Alemanha Oriental, a passar por mudanças importantes. A UE, que na UNECE tem o mesmo estatuto que um país, adoptou os valores-limite de emissão acordados na UNECE, desenvolvendo-os ao estabelecer a Directiva Valores-Limite de Emissão Nacionais. O exemplo está a ser seguido noutras partes do mundo que enfrentam os mesmos problemas, por exemplo na Ásia; e o modelo RAINS do IIASA foi substituído por outro muito mais complexo, o GAINS, que está a ser aplicado à escala global. O GAINS (*Greenhouse gases Air pollution Interaction and Synergies*), tal como o nome indica, relaciona política climática e qualidade do ar, as quais visam responder a problemas comuns.

Penso que esta foi uma história de sucesso na forma como os problemas de desenvolvimento industrial e económico foram abordados em conjunto com as questões de sustentabilidade, apesar de ainda haver muito que fazer, até mesmo na Europa. Por exemplo, apesar de na maior parte da Europa os protocolos acordados terem travado a redução da esperança média de vida (em cerca de 6 a 9 meses) causada pelos níveis de poluição do ar, a medida autorizada pela OMS ($10\mu g.m^{-3}$) para concentrações de partículas finas $PM_{2.5}$ ainda é largamente ultrapassada. Noutros lugares do mundo, os problemas são muito mais graves.

Entretanto, novas preocupações surgiram, como a enorme mudança antropogénica no ciclo global do azoto. Esta não pode ser dissociada de Haber Bosch, que durante a Primeira Guerra Mundial produziu explosivos à base de nitratos de amónio, abrindo caminho para o uso massificado de fertilizantes e o aumento da produção agrícola e pecuária para alimentar a crescente população mundial. Hoje, as fontes antropogénicas do azoto excedem globalmente os processos naturais à escala global, estando concentradas nos países desenvolvidos. Esta situação levanta diversas questões relacionadas com o meio ambiente e a saúde humana, com alguns países com consumo excessivo e obesidade a contrastar com outros em desenvolvimento e sem acesso a fertilizantes, com fome e falta de proteínas.

O que podemos aprender com o caso da chuva ácida? Penso que foi crucial a forma como cientistas de diferentes disciplinas se uniram para fornecer fundamentação científica para as negociações internacionais. Como vimos, isto envolveu biólogos e cientistas do solo, meteorologistas, químicos atmosféricos, especialistas dos aspectos tecnológicos da redução de emissões, e economistas (incluindo economistas ambientais responsáveis por equilibrar os custos de redução e os benefícios ambientais). Para cada um destes aspectos foi constituído um Grupo de Acção que não só reunia peritos relevantes, mas era responsável pela disseminação de conhecimento nos diferentes países. E cada Grupo de Acção teve como interface com o processo mais geral uma questão muito bem definida à partida. Perante um forte consenso científico, este era respeitado e aceite: não tivemos, portanto, problemas políticos equivalentes àqueles causados por cépticos científicos e negacionistas (como o presidente Trump) das alterações climáticas. E apesar das grandes mudanças que ocorreram na Europa, não tínhamos de lidar com as enormes diferenças culturais e económicas inerentes aos acordos globais para redução dos gases de efeito estufa. O que espero é que esta história de sucesso na Europa possa ser repetida noutras partes do mundo.

CAPÍTULO 8

O SISTEMA TERRESTRE COMO PATRIMÓNIO COMUM DA HUMANIDADE[1]

Paulo Magalhães

A actividade humana domina as forças geológicas e influencia a trajectória do Sistema Terrestre: estamos no Antropoceno (Steffen *et al.*: 2007). Este conhecimento tem implicações significativas, não somente nas ciências do Sistema Terrestre, mas no processo de tomada de decisão social. Cada vez compreendemos melhor o funcionamento da Terra como sistema único, mas ainda não sabemos como é que esse conhecimento pode ser aplicado no mundo humano. Com o objectivo de colmatar essa lacuna, e sabendo da necessidade de conciliar os direitos de soberania nacional e a integridade funcional deste sistema, proponho aplicar de forma inovadora instrumentos jurídicos que foram usados e testados no passado, em casos semelhantes ao da desestabilização actual do Sistema Terrestre. Estes instrumentos, se usados como conceitos e ferramentas à escala global, poderiam ajudar-nos a redireccionar o nosso caminho e afastar-nos do risco de ultrapassar os «limites do planeta».

Temos um problema estrutural que nos está a aproximar de um ponto sem retorno: o facto de a nossa economia considerar a natureza como mera fonte de matéria-prima e depósito de resíduos. Como o trabalho

[1] Este capítulo corresponde à comunicação apresentada pelo Investigador Paulo Magalhães, no Colóquio «O que Sabemos sobre a Globalização?», organizado pelo programa de doutoramento em Estudos sobre a Globalização, no dia 17 de Fevereiro de 2018, na Biblioteca Nacional. [N. da O.]

de manter o Sistema Terrestre estável é essencialmente intangível, considera-se a natureza uma «externalidade», invisível para a economia. O resultado é um sistema económico incapaz de assegurar a estabilidade ao Sistema Terrestre, precisamente porque os benefícios de manter essa estabilidade são considerados sem valor. Por exemplo, o presente modelo económico considera inviável o desenvolvimento de tecnologias para remover o excesso de CO_2 acumulado na atmosfera.

Esta disfuncionalidade do nosso sistema económico tem raízes no sistema jurídico, que concebe o nosso planeta, não como um sistema funcional, mas como um território de 510 milhões de km^2 dividido por nações, em que os bens comuns globais são considerados sobras dessa divisão física. Cada nação tem uma jurisdição mas não tem qualquer responsabilidade de contribuir para o funcionamento do sistema comum global do qual todos dependemos. Essa visão unidimensional exclui a expressão mais notável e vital da natureza: o Sistema Terrestre enquanto bem intangível, indivisível e global, o «software» que sustenta a vida se, e somente se, provido de uma biosfera a funcionar bem. Este não é um aspecto reconhecido ou apoiado pelo nosso sistema jurídico, actualmente obcecado com a questão territorial.

A investigação científica deu-nos indicadores, os chamados «limites do planeta» (Rockström *et al.*: 2009), que definem os limites que não devem ser ultrapassados se queremos manter um «espaço de operação seguro para a Humanidade». Este *espaço seguro*, qualitativa e quantitativamente, que é hoje identificável e mensurável, é intangível e não-territorial, e é também o nosso verdadeiro «bem comum global» — existindo em todas as jurisdições e para além delas. Porém, ao não ser reconhecido pelo direito internacional, torna-se invisível para a comunidade das nações e para o nosso sistema económico. A não-existência legal do Sistema Terrestre legitima assim o seu uso desregulado e o desfecho trágico do nosso bem-comum global mais precioso.

Todavia, não se trata de uma deficiência decorrente da incapacidade intrínseca do direito de lidar com um sistema com estas características. As ciências jurídicas há muito que reconhecem a existência de activos legais intangíveis. Citem-se a título de exemplo, o património cultural da UNESCO, direitos de autor e propriedade intelectual, ou o valor de certas empresas — em que o valor de activos intangíveis, como a identidade de marca, é por vezes muito maior do que o de activos tangíveis. Se estabelecermos uma divisão legal entre o território da Terra tangível e o activo intangível, constituído por um Sistema Terrestre estável e em bom funcionamento, teremos condições para construir uma economia global sustentável que coloque a gestão desse sistema como seu primeiro objectivo.

A analogia entre esses objectos jurídicos intangíveis e o Sistema Terrestre é crucial — não apenas para representar a funcionalidade global e indivisível do Sistema Terrestre no direito internacional, mas para dar visibilidade económica ao valor real dos serviços intangíveis fornecidos pelos ecossistemas. O valor do trabalho realizado pelos ecossistemas naturais na manutenção da estabilidade do Sistema Terrestre é incomparavelmente maior do que o valor tangível resultante da exploração desses mesmos ecossistemas. Como Ostrom (Ostrom: 1990) explicou no trabalho que realizou sobre as condições estruturais que tornam a acção colectiva possível, é necessário existir congruência entre as *regras de apropriação* e as *regras de provisão*: qualquer gestão bem-sucedida de um bem comum, não implica apenas regras relativas ao uso ou apropriação do mesmo, mas sistemas permanentes de manutenção e restauração que garantam a sua funcionalidade a longo prazo. A introdução de benefícios resultantes de um Sistema Terrestre estável e com um bom funcionamento (regras de provisão) por meio de um sistema global de contabilidade é condição estrutural e necessária para alterar o regime dominante de destruição e consumo.

Actualmente, o valor da natureza só se torna visível nas transacções financeiras ou no valor do PIB quando há uma transformação destrutiva dos ecossistemas naturais em produtos — por exemplo, quando as florestas são transformadas em madeira. A actual regra do jogo é esta: quem mais produtos retira dos ecossistemas — processo que frequentemente resulta na destruição e degradação dos mesmos —, mais benefícios económicos acumula. Este modelo económico não é compatível com o objectivo de reduzir as emissões de CO_2 ou manter o Sistema Terrestre estabilizado. Somente durante a crise financeira de 2008 as emissões de CO_2 foram reduzidas.

É urgente que a economia não considere mais como externalidades os benefícios que contribuem para manter o Sistema Terrestre estável e em bom funcionamento. Somente uma economia que não considere prejuízo limpar poluentes da atmosfera ou dos oceanos poderá quebrar a inércia socioeconómica dos sistemas humanos e mudar a actual trajectória do Sistema Terrestre para longe de uma «Terra-Estufa» (Steffen *et al.*).

Uma vez que os ciclos biogeofísicos do Sistema Terrestre que sustentam a vida são intangíveis, indivisíveis, não territoriais e globais, a única forma de reconhecê-los e protegê-los é criando um instrumento jurídico novo que seja sensível a essas propriedades e que as represente. Neste sentido o que proponho é o *reconhecimento no direito internacional de todo o Sistema Terrestre* — num estado favorável semelhante ao Holoceno — *como património comum da humanidade*. Este novo objecto do Direito Internacional deve funcionar como plataforma de coordenação, em que as externalidades produzidas por cada nação no Sistema Terrestre, positivas ou negativas, se tornam visíveis, agregadas e contabilizadas.

Esse novo património comum deve funcionar como alavanca da nossa economia, transformando esta — hoje o principal motor de destruição do estado estável (Holocénico) do Sistema Terrestre — num impulsionador da sua restauração e manutenção permanente num estado estável. Para que tal seja possível é necessário que a economia reconheça a natureza como fonte de serviços intangíveis, e que estes, ao serem compreendidos como resultado do funcionamento de um Sistema Terrestre estável, se reflictam nos fluxos financeiros. Essa mudança do nosso sistema socioeconómico deve resultar num PIB natural intangível para cada nação, obrigando a economia global a trabalhar na manutenção e restauração permanente do Sistema Terrestre, tornando assim possível o desvio da trajectória humana para uma «Terra Estabilizada» (Steffen *et al.*). A estrutura legal deste novo sistema socioeconómico será o reconhecimento desse novo património comum, que deve funcionar como *objecto central* de um novo modelo de governança global.

Para assegurar a compatibilidade entre esse novo património comum e os regimes jurídicos das soberanias estatais, propomos que, no quadro legal existente, este assuma a forma de Condomínio Planetário (Magalhães: 2007; Magalhães: 2016). O condomínio — modelo de propriedade tipicamente usado nos prédios de apartamentos — é o único modelo legal existente que não se limita a uma divisão de elementos espaciais, reconhecendo também a existência de elementos funcionais não espaciais — como os sistemas comuns de electricidade e água, que se sobrepõem à propriedade comum e privada, e que, logicamente, implicam uma governança a vários níveis. Se usarmos dois tipos de divisão legal (funcional e espacial), esses dois regimes jurídicos, sobrepostos, mas bem definidos, podem coexistir no mesmo espaço físico. Com o dimensionamento apropriado, essa abordagem pode ter implicações profundas na organização jurídica das sociedades humanas nos dois níveis que partilham a gestão do Sistema Terrestre — a jurisdição dos Estados (elementos territoriais) e, de forma complementar e sobreposta, os mecanismos de salvaguarda dos ciclos biogeofísicos indivisíveis.

Para ser mais do que uma ideia esse novo património comum deve ser formalmente reconhecido e institucionalizado, o que implica combinarmos a ideia de património intangível comum com a ideia de autoridade internacional baseada num sistema global de medições e monitorização. Um enquadramento possível para tal sistema podia ser uma estrutura holística — a Estrutura de Contabilidade do Sistema Terrestre (EASF) — responsável por monitorizar a manutenção e a perturbação humana de processos-chave do Sistema Terrestre.

Actualmente, a única instituição com participação e legitimidade à escala global que poderia acolher tal missão é a Organização das Nações Unidas (ONU). Dadas as conhecidas dificuldades em alterar a Carta da ONU, propomos que o Conselho de Tutela da ONU seja reactivado e mandatado para servir a missão do Património Comum da Humanidade, e deste modo agir sobre todo o Sistema Terrestre e não apenas sobre os seus componentes através das suas múltiplas agências. Outras soluções poderiam ser contempladas, se o processo de institucionalização fosse rápido e eficaz — por exemplo, a formação de uma Autoridade Internacional para os Fundos Marinhos.

Alguns passos já foram dados ao nível internacional. Os Objectivos de Desenvolvimento do Milénio (ODM), centrados sobretudo nas necessidades dos países pobres, decorreram entre 2000 e 2015. Foram sucedidos pelos Objectivos de Desenvolvimento Sustentável (ODS) que por sua vez foram concebidos para o período entre 2015 e 2030. Os ODS, desenhados com base nos ODM, abarcam um conjunto mais amplo de metas para todos os países. É tentador pensar que o processo subsequente optará por uma abordagem ainda mais holística e global, que supere a abordagem em silos focada nos Estados individuais, e reconheça o Sistema Terra como sistema funcional único, actualmente invisível na nossa organização social.

Como tal, sugerimos a plena implementação do nosso modelo de governança global até 2030, para que este se possa tornar o núcleo da agenda global no pós-2030. Assim, o primeiro passo — o reconhecimento jurídico — deve ser idealmente alcançado até 2023–2024. As principais características desta proposta são:

a) Ter uma abordagem positiva baseada na necessidade de construir um novo património comum que sirva de fundação ao conjunto de desafios comuns, complexos e interligados que a humanidade enfrenta.
b) Ser portadora de uma mensagem de esperança de que é possível reverter a trajectória actual para um cenário de Terra-Estufa. Isto requer reinventar as regras básicas da economia, transformando esta no impulsionador da reconstrução e restauração do estado favorável do Sistema Terrestre e garante da sua manutenção futura.

O conceito jurídico de Património Comum da Humanidade pode ser o *locus* para a existência social desse bem vital — um Sistema Terrestre a funcionar bem —, representado pelo espaço de operação segura, e ser também um novo objecto do Direito Internacional e o quadro de uma organização mundial.

Referências

Magalhães, P., *Earth Condominium — From the Climate Change to a New Juridic Conception of the Planet*, Coimbra: Edições Almedina, 2007.

Magalhães, P., «Earth Condominium: A Legal Model for the Anthropocene», *in SOS Treaty, The Safe Operating Space Treaty — A New Approach to Managing Our Use of the Earth System*, P. Magalhães, W. Bosselmann Steffen, K. Aragão and Soromenho-Marques A., 2016.

Ostrom, E., *Governing the Commons The Evolution of Institutions for Collective Action*, Cambridge: Cambridge University Press, 1990.

Rockström, J., Will Steffen, Kevin Noone, *et al.*, «Planetary Boundaries: Exploring the Safe Operating Space for Humanity», *Ecology and Society*, 14(2): 32, (2009), http://www.ecologyandsociety.org/vol14/iss2/art32/.

Steffen, W., J. Rockström, K. Richardson, *et al.*, «Trajectories of the Earth System in the Anthropocene», *Proceedings of the National Academy of Sciences Aug 2018*, 115 (33) 8252–8259, 2009, doi:10.1073/pnas.1810141115.

Steffen, W., P. J. Crutzen, e J. R. McNeill, «The Anthropocene: Are humans now overwhelming the great forces of Nature?», *Ambio,* 36: 614–621, 2007. http://www.ecologyandsociety.org/vol14/iss2/art32/.

ÍNDICE

SEGUNDA PARTE
HISTÓRIA DOS IMPÉRIOS

TERCEIRA PARTE
DEMOCRATIZAÇÃO E SEGURANÇA GLOBAL